DE

L'INVENTION

DIALOGUE PHILOSOPHIQUE

DE MANZONI

POUR SERVIR D'INTRODUCTION AUX ŒUVRES

DE ROSMINI

TRADUIT DE L'ITALIEN

Et précédé d'une Notice sur Rosmini

PAR

M. DE FRESNE

Ancien conseiller d'État.

— · — ✦ — · —

PARIS

AUGUSTE VATON, LIBRAIRE-ÉDITEUR

50, RUE DU BAC

—

1858

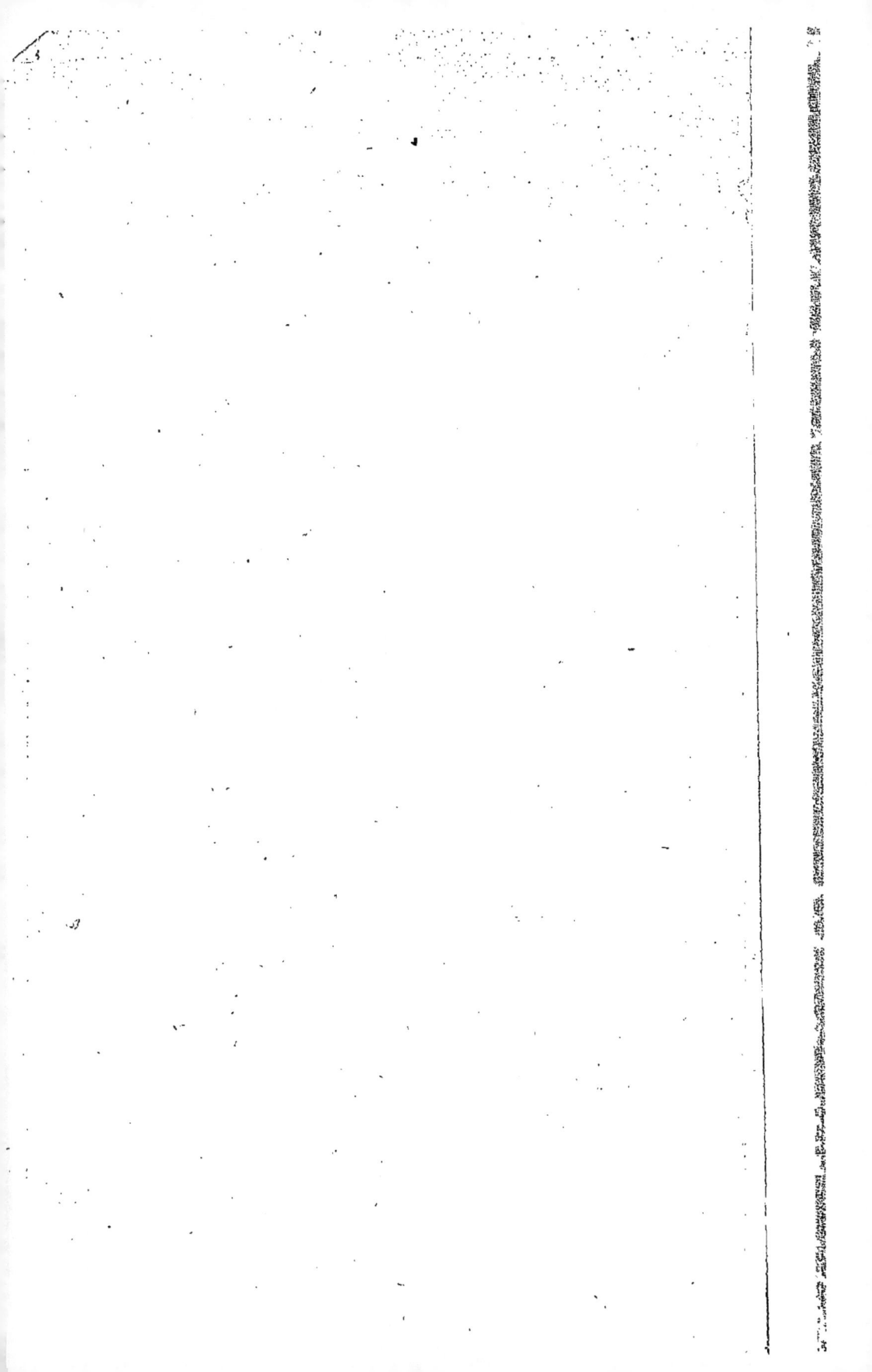

DE

L'INVENTION

Tous les exemplaires non revêtus de la signature ci-dessous seront réputés contrefaits.

Paris. — Imprimerie de P.-A. BOURDIER et Cie, rue Mazarine, 30.

DE

L'INVENTION

DIALOGUE PHILOSOPHIQUE

DE MANZONI

POUR SERVIR D'INTRODUCTION AUX ŒUVRES

DE ROSMINI

TRADUIT DE L'ITALIEN

Et précédé d'une Notice sur Rosmini

PAR

M DE FRESNE

Ancien conseiller d'État.

———✦———

PARIS

AUGUSTE VATON, LIBRAIRE-ÉDITEUR

50, RUE DU BAC

1858

Réserve de tous droits.

PRÉFACE

Le dialogue intitulé l'*Invention* a pour objet
de faire connaître un des côtés de la philosophie de Rosmini. L'auteur, Alexandre
Manzoni, se proposait d'en exposer l'ensemble
dans une suite de douze dialogues, dont un
seul a vu le jour. Rosmini avait applaudi à ce
premier essai ; mais Rosmini vint à mourir ;
sa mort plongea Manzoni dans la douleur et
le travail fut abandonné.

Nous publions aujourd'hui la traduction du
dialogue unique qui a paru. Nous le faisons pré-
céder d'une notice sur Rosmini et nous met-
tons à la suite du dialogue une lettre de Rosmini sur la philosophie allemande. Enfin, nous

1

donnons la liste complète de ses ouvrages [1]. Puisse cette publication appeler l'attention sur l'œuvre entière du grand philosophe, œuvre immense, dont l'importance ressort du titre seul des écrits qui la composent! puissions-nous contribuer ainsi à populariser, parmi le monde savant et la jeunesse studieuse, des ouvrages qui ont été inspirés à l'un des plus grands esprits de nos jours par l'amour de la science et de la religion, de la philosophie et de l'humanité!

Paris, le 1er mars 1858.

_____

[1] En parcourant cette liste on a peine à croire que la vie d'un homme, mort à 58 ans, ait suffi à un tel ensemble de travaux, alors que cet homme s'était dévoué à la fondation et à la direction d'un *Institut de la Charité,* qui embrassait toutes les œuvres chrétiennes.

NOTICE SUR ROSMINI

Antoine Rosmini naquit à Roveredo en 1797. Sa famille, l'une des plus anciennes et des plus considérables du diocèse de Trente, se distinguait depuis un temps immémorial par la pratique de toutes les vertus. C'est à cette source que puisa le jeune Antoine, dès son enfance. Élevé dans la maison paternelle, il eut pour maîtres des prêtres éminents et, pendant que, sous ces guides habiles, son esprit se développait et que son intelligence s'ouvrait à ce que les lettres saintes et profanes ont produit de plus grand et de plus beau, son âme semblait éprouver de plus nobles besoins encore ; car on le voyait saisir avec joie les occasions d'adoucir des souffrances et de consoler des malheureux et il aimait surtout à se mettre en commerce avec le ciel par la méditation et la prière. Lorsque le moment vint de choisir une carrière, il annonça l'intention d'embrasser l'état ecclésiastique. Ses parents, qui le croyaient destiné à jouer un rôle dans le monde politique, combattirent sa résolution. On voulut lui persuader que l'habitude de vivre avec des prêtres pieux, aimables, instruits, lui faisait prendre le change sur sa vocation. Le père Antonio Césari, de Vérone, célèbre autant par son savoir et sa raison, que par la séduction de son langage, entreprit de le convaincre. Il eut avec lui un entretien où se firent jour avec éclat, pour la première fois, les dons du jeune Rosmini, la netteté de son esprit, la chaleur de son âme, la vivacité inébranlable de ses convictions, une intelligence bouillante, contenue seulement par les saints commandements de la foi; il répondit en maître à toutes les objections, n'en laissa debout aucune, et convainquit à son tour son antagoniste que Dieu l'appelait véritablement. Sa famille laissa alors un libre cours à sa vocation.

Rosmini venait d'être fait sous-diacre lorsqu'il perdit son père, qui le laissa, avec un frère et une sœur dignes de lui, héritier d'une fortune considérable. Peu après il reçut le diaconat, et

enfin la prêtrise. Il résolut alors de se rendre à
Rome pour visiter le tombeau des Apôtres. Là
il se lia d'amitié avec des prélats distingués, en
tête desquels nous nommerons l'abbé, depuis
cardinal Cappellari, qui fut pape, sous le nom
de Grégoire XVI, et qui lui voua dès cette
époque une affection qui ne s'est jamais dé-
mentie. Présenté par l'abbé Cappellari à Pie VII,
le pontife accueillit le jeune prêtre avec bonté,
l'entretint de ses travaux, et lui recommanda
de s'appliquer surtout à la haute philosophie.

La simplicité, la science et la douceur de
Pie VII accrurent singulièrement la vénération
de Rosmini pour le siége apostolique, et lui
inspirèrent un attachement qu'il a exprimé d'une
manière éloquente dans son panégyrique de ce
grand et saint pape.

Quelques années plus tard, en 1828, il re-
tourna à Rome et y fit un séjour de près d'une
année. Son ami, le cardinal Cappellari, le pré-
senta au nouveau pontife Pie VIII, dont le pontificat fut malheureusement si court, et dont la
mort prématurée a laissé tant de regrets à ceux

qui l'ont connu [1]. Pie VIII parla à Rosmini de l'utilité des études philosophiques auxquelles il se livrait, et l'exhorta à y persévérer. « L'Église, « lui dit le Saint-Père, compte un grand nombre « de prédicateurs et de confesseurs; mais elle « est pauvre d'écrivains. Il lui faut des prêtres « savants, qui prennent le monde par la science « et la logique. Entrez dans cette voie. Dans le « siècle où nous vivons, c'est en s'adressant à « leur raison qu'il faut convaincre et guider les « hommes. » Et, prenant un livre anonyme sur sa table, il en loua la vigoureuse logique, la polémique pleine de charme, les fortes et savantes déductions, et il le proposa à Rosmini comme un modèle. Ce modèle était l'ouvrage de Rosmini lui-même.

Vers la même époque, Manzoni, qui se lia depuis de la plus tendre amitié avec Rosmini, ayant lu un de ses écrits, en fut rempli d'admiration. Un écrivain d'un tel génie, dit-il, est un

---

[1] Admis en 1829 à une audience particulière de Pie VIII, nous avons pu juger de la rare perspicacité de son esprit, plein d'enjouement et de douce malice. Les événements ont justifié tous ses jugements sur les hommes et sur les choses de son temps. Il a passé trop vite pour le bien du monde et de la religion.

présent que Dieu fait à l'Italie et à l'Église dans
ces temps difficiles. Schilling lui-même, que le
célèbre philosophe ne vit jamais, l'envoya com-
plimenter [1]. Mais nous anticipons un peu sur
les événements.

Une femme pieuse, la marquise Madeleine
Canossa, avait fondé dans la haute Italie un institut de filles de la Charité. Rosmini eut occasion de la voir, elle lui proposa d'en fonder, à
son tour, un de fils de Charité à la ressemblance
du sien. Il repoussa d'abord cette idée, la pieuse
marquise revint à la charge, et insista si bien
qu'il finit par penser que Dieu lui parlait peut-
être par la voix d'une si sainte femme. Il se re-
cueillit en lui-même, se livra à la prière, et, après
de longues réflexions sur les meilleurs moyens
de servir Dieu en servant les hommes, il ima-
gina une société dont les membres, obéissant

---

[1] Le philosophe italien et le philosophe allemand étaient
séparés sur bien des points. L'hommage rendu par Schilling
à Rosmini n'en est que plus remarquable, et il a contribué
beaucoup à attirer sur lui les regards de l'Allemagne sa-
vante et de l'Angleterre, où Rosmini a établi deux maisons
de son ordre et où une troisième va bientôt s'ouvrir, à
Londres même.

chacun à sa vocation plus particulière, embras-
seraient indistinctement toutes les œuvres chrétiennes sans exclusion d'aucune. Il caressa ce
projet qu'il plaça sous la protection des secours
divins ; l'image d'un tronc unique d'où jailli-
raient les rameaux divers de la charité évangé-
lique plaisait à son âme religieuse.

Semblable à l'arche de Noé, divisé en une
multitude de cases et rempli d'échantillons de
chaque espèce, son institut renfermerait tous les
genres de dévouements et d'aptitudes, travail-
lant à l'envi dans les mille sillons du champ
mystique de l'Église, et produisant les fruits variés qu'elle a mission de procurer aux hommes.
En peu de temps, sans effort, sans recherche,
des prêtres et des laïques se groupèrent autour de
lui ; l'institut existait : mais il fallait lui donner
la vie de l'Église. Rosmini s'adressa au cardinal
Capellari, qui lui répondit de Rome, le 2 juillet 1830 :

« J'ai lu la description de votre institut ; elle
« est brève, claire et précise ; j'en ferai remettre
« une copie au Saint-Père.

« Je vous prie de me garder votre amitié et

« de me recommander au Seigneur, je suis et
« serai jusqu'à la mort votre bien dévoué et af-
« fectionné ami. »

Pie VIII mourut, le cardinal Capellari écri-
vait à Rosmini pendant le conclave :

« Quand il aura plu au Seigneur de nous
« donner un nouveau pape, votre institut pourra
« être approuvé dans son entier. »

L'élection eut lieu le 2 février 1831 : c'était
le cardinal Capellari lui-même qui devenait pape
sous le nom de Grégoire XVI. Voici en quels
termes le nouveau pontife accueillit les félicitations de Rosmini :

« Cher fils, notre vieille amitié nous faisait
« pressentir votre joie à la nouvelle de notre
« exaltation au trône pontifical, mais nous n'en
« avons pas moins reçu avec consolation vos
« félicitations, qui témoignent si bien de votre
« affection pour nous, et de votre attachement
« à la chaire de Saint-Pierre. »

« Dans la charge qu'en ses mystérieux dé-
« crets il a plu à la divine Providence de nous
« imposer, nous ne désirons rien plus vivement
« que les prières des gens de bien. Car nous

1.

« avons besoin que Dieu soutienne notre fai-
« blesse et notre infirmité, sous le poids qui les
« accable. Celui qui veut qu'on dise de lui : *Le*
« *Seigneur a entendu le désir des pauvres*, écou-
« tera, nous en sommes certains, vos prières,
« à vous qui, pour ne point parler de vos autres
« mérites, avez pour patrons , devant le trône
« éternel, tant de pauvres, objets et témoins de
« vos bienfaits. C'est pourquoi nous vous ren-
« dons grâces de vos bons offices, et, en signe
« de notre tendre et paternelle affection, nous
« vous donnons, à vous, cher fils, et à votre In-
« stitut de la Charité, que vous avez pieusement
« placé sous nos ailes, la bénédiction aposto-
« lique. »

« Donné à Rome, près de Sainte-Marie-Ma-
« jeure, le neuvième jour d'avril de l'année
« 1831 , première année de notre pontificat »

Des maisons furent successivement ouvertes à
Trente, à Vérone, en Angleterre, dans les États
sardes, notamment à Stresa, aux bords du lac
Majeur, là où s'élève le vaste établissement qui
est le chef-lieu de l'ordre.

L'institut subvenait à tout. Exercices spiri-

tuels, publics et particuliers, pour des prêtres et
pour des laïques ; prédications dans les églises ;
visites des malades ; soin spirituel des détenus ;
fondation et direction d'écoles élémentaires et
théologiques ; écoles du soir pour les ouvriers,
les adultes et les enfants ; direction de paroisses
comme curés ou collaborateurs ; missions en
pays catholiques ; missions parmi les dissidents ;
distribution d'aumônes de toutes sortes pour les
besoins du corps, de l'esprit et de l'âme ; pen-
sions à des associés que leur pauvreté aurait
exclus, si leur mérite et leur vertu n'avaient
trouvé un généreux protecteur dans Rosmini ;
publication d'ouvrages utiles aux mœurs et à
la religion ; formation de bibliothèques ; con-
structions diverses pour les établissements de
l'institut ; telles étaient les œuvres de Rosmini
et les dépenses auxquelles il consacrait sa fortune.

Ces occupations multipliées, la direction de
tant d'aptitudes diverses, la nécessité de faire
face à tant de soins n'empêchaient pas Rosmini
de composer et de publier de nombreux ouvrages, et elles lui permirent de créer, dans le

tourbillon des affaires, un système de philosophie qu'on dirait l'œuvre de la solitude, de la
méditation, du silence ; qui, dès son apparition,
a été adopté en Italie par un nombre toujours
croissant de lecteurs ; qui est enseigné aujour-
d'hui en différentes chaires par des laïques, des
prêtres et des réguliers ; qui a fait naître une
foule d'écrits destinés à le développer et à en faire
de nouvelles applications, aussi bien qu'à l'atta-
quer ou à le défendre ; qui enfin, malgré la len-
teur ordinaire des œuvres philosophiques à courir le monde, s'est répandu hors de l'Italie et a
excité surtout l'attention des savants allemands
et anglais.

Après dix ans d'épreuve, le moment était
venu de donner à l'Institut de la Charité la confirmation solennelle du siége apostolique. Rosmini envoya à Rome l'abbé D. Giuseppe Ro-
berto Sesti. C'était en 1837. Il lui remit, outre
les institutions et règles de l'établissement, une
foule de brefs de Grégoire XVI, remplis d'en-
couragements et d'éloges pour le fondateur et
ses compagnons ; il y joignit les approbations
déjà données à la règle par trois cardinaux, deux

archevêques et quatre évêques [1], proclamant à l'unanimité que, par l'élévation du but, la grandeur du plan, la sainteté et l'opportunité de la règle, l'Institut de la Charité leur paraît de tout point conforme à l'Évangile et à la doctrine des Pères, que par conséquent il mérite la sanction du Siége apostolique. On sait avec quelle sage circonspection, par quelles enquêtes et quelles études approfondies l'Église procède sur ces matières. Le Saint-Père renvoya l'examen des constitutions à la sacrée congrégation des évêques et des réguliers qui, après avoir demandé et obtenu quelques éclaircissements [2], rendit sa sentence, le 20 décembre 1838. Cette sentence

---

[1] Les trois cardinaux étaient le cardinal Giuseppe Morozzo, évêque de Novare, le cardinal Placido-Maria Tadini, archevêque de Gênes, et le cardinal Jacobo Monico, patriarche de Venise. Les archevêques, Mgr Antoine Martinet, archevêque de Chambéry et Mgr Luigi Franzoni, archevêque de Turin. Les quatre évêques étaient : Mgr Carlo Emmanuele Sardagna, évêque de Crémone, Mgr Giuseppe Grasser, évêque de Vérone, Mgr Pietro Antonio Cirio, évêque de Suze, et Mgr Pierre Augustin Baines, évêque de Siga et vicaire apostolique du district occidental de l'Angleterre.

[2] Les discussions qui eurent lieu à ce sujet sur certains points de la Règle ont été réunies et imprimées en un volume.

fut confirmée le même jour par le Pape ; et la
règle de l'Institut reçut ainsi, *oraculo vivæ vo-
cis*, la force et la valeur canoniques. Rosmini
célébrait les solennités de Noël au Calvaire de
Domodossola, lorsqu'un courrier lui apporta la
décision suprême de l'Église. Dans l'élan de sa
gratitude, il partit pour Rome avec huit de ses
compagnons. Grégoire XVI le reçut avec une
inexprimable bienveillance. Il voulut lui communiquer, avant de les publier, les lettres apos-
toliques destinées à faire connaître au monde
chrétien la solennelle confirmation de l'Institut
de la Charité. Il y avait beaucoup d'éloges de
Rosmini dans ces lettres. Rosmini se récria. Mais
le Pape, pour toute réponse, prit la plume et
ajouta de sa main quelques expressions plus
flatteuses encore. Les lettres portent la date du
29 septembre 1839 [1].

[1] On y lit ce qui suit : Cùm nobis perspectum explora-
tumque sit dilectum filium presbyterum Antonium Rosmini,
hujus instituti fondatorem, virum esse excellenti ac præ-
stanti ingenio præditum, egregiisque animi dotibus orna-
tum, rerum divinarum atque humanarum scientiâ summo-
perè illustrem, eximiâ verò pietate, religione, virtute,
probitate, prudentiâ, integritate clarum, ac miro ergà ca-

La renommée de Rosmini comme prêtre, comme fondateur d'un ordre religieux, comme écrivain, se répandait partout. Mais il semble que la vertu et le talent doivent toujours passer par le creuset des persécutions et des épreuves. L'envie s'acharna contre Rosmini. Les contradictions envenimées, les accusations, les calomnies s'accumulèrent. Nous laisserons à d'autres le soin de raconter un jour cette triste histoire ; nous dirons seulement que Dieu donna dans cette lutte de grandes consolations à Rosmini. Grégoire XVI ne cessa de lui témoigner son affection et son estime et il lui fit plusieurs fois donner l'assurance qu'il tenait ses doctrines pour irréprochables et saintes.

Le cardinal Pénitencier lui mandait un jour : « Le Saint-Père ne cesse de parler de vous, de

tholicam religionem atque ergà hanc apostolicam sedem amore et studio fulgere, eamque in hujusmodi charitatis instituto excitando eò potissimò spectasse, ut charitas christi, in omnium cordibus majorem in modum diffusa, omnes urgeret, in catholicâ Ecclesiâ majores, in dies, fructus suscipiat, ac populi ad Dei amorem et mutuam charitatem acrioribus stimulis excitentur, tùm nos eumdem dilectum filium ipsius societatis regimini præficiendum existimavimus, etc., etc., etc.

« votre piété, de votre zèle pour les âmes, de
« la pureté de votre doctrine, et de l'erreur de
« ceux qui y voient des taches. »

En 1843, Sa Sainteté, fatiguée de débats
qui se prolongeaient, réunit auprès d'elle une
congrégation de cardinaux, et prescrivit le silence aux adversaires de Rosmini ainsi qu'à ses
défenseurs et à lui-même. C'était implicitement
reconnaître l'orthodoxie des doctrines incrimi-
nées, puisqu'on laissait au prêtre, à qui on re-
prochait des erreurs en matière de foi, sa pleine
autorité sur une corporation religieuse.

Grégoire XVI mourut. A peine monté sur le
trône pontifical, Pie IX témoigne à Rosmini les
mêmes sentiments que Grégoire XVI. Il lui écrit
le 22 août 1846 :

« Notre cœur a été rempli de joie, en voyant
« éclater dans vos lettres l'amour filial que vous
« nous portez et votre vénération pour le Saint-
« Siége, centre et fondement de la religion ca-
« tholique, auquel vous vous glorifiez d'être
« invinciblement uni, de déférer, d'obéir et de
« dévouer tous vos travaux. En même temps
« que nous accordons des louanges méritées aux

« sentiments vraiment ecclésiastiques qui rem-
« plissent votre très-religieux cœur, nous nous
« plaisons dans la ferme espérance que, sous les
« inspirations de la grâce divine, vous pour-
« suivrez sans relâche et de jour en jour, avec
« plus de zèle et d'allégresse, les œuvres qui,
« suivant l'esprit de votre Institut, ont pour
« objet la charité envers Dieu, et la charité en-
« vers le prochain. N'ayant rien plus à cœur
« dans l'exercice de notre ministère apostolique
« que de favoriser ce qui peut le mieux servir
« et honorer la république chrétienne et civile,
« vous nous trouverez toujours empressé de con-
« courir au bien, à l'utilité et à la splendeur de
« votre Institut, dans le Seigneur. »

En 1848, sur l'invitation de quelques cardinaux, Rosmini, chargé par le roi Charles Albert
de reprendre les négociations d'un concordat
avec le Saint-Siége, se rendit à Rome. Il y fut
accueilli avec une bonté toute particulière par
le Saint-Père, qui le nomma l'un des consultants du Saint-Office et de l'Index et le destina
à la pourpre romaine. Ce fait est notoire.

L'horizon politique se rembrunissait. Pie IX,

accueilli avec tant de transports par le monde catholique et surtout par ses sujets italiens, Pie IX était forcé de s'exiler. Rosmini le rejoignit à Gaëte et demeura longtemps près de lui. Ce fut pendant l'exil de Sa Sainteté, que deux opuscules de Rosmini, récemment imprimés, furent mis à l'index par décret rendu à Naples, sous la présidence du cardinal de Brignole.

Rosmini envoya aussitôt sa soumission en ces termes :

« Rempli envers le Saint-Siége des sentiments
« d'un fils respectueux, dévoué et obéissant;
« ayant toujours, par la grâce de Dieu, professé
« ces sentiments publiquement et du fond du
« cœur; je déclare me soumettre purement,
« simplement et de toutes les façons qu'on trou-
« vera les meilleures, à la prohibition de deux
« opuscules prononcée par la sacrée congréga-
« tion de l'Index, vous priant de porter la pré-
« sente soumission aux pieds du Saint-Père et
« de la sacrée congrégation. »

Un peu plus tard, le 17 février 1850, il publia la belle déclaration que voici :

« C'est avec la plus profonde douleur que je

« viens de lire plusieurs articles de journaux
« relatifs à deux de mes opuscules prohibés par
« la sacrée congrégation de l'Index, et dans les-
« quels on ose jeter un blâme sur la sacrée con-
« grégation. M'étant soumis purement et sim-
« plement à sa décision avec le respect intérieur
« et extérieur auquel est tenu tout enfant fidèle
« de l'Église, on doit comprendre quel cruel
« déplaisir me causent d'aussi irrévérencieuses
« attaques ; je crois devoir néanmoins déclarer
« explicitement et publiquement que je les ré-
« prouve de la manière la plus formelle et que je
« n'accepte pas les éloges qu'on y a mêlés. Quant
« à certains autres journalistes qui m'insultent et
« me reprochent comme une bassesse l'accom-
« plissement d'un devoir, ma soumission à la-
« dite prohibition, je n'ai rien à leur répondre,
« si ce n'est qu'ils me font pitié et qu'ils exci-
« teraient mon mépris, si je me croyais permis
« de mépriser quelqu'un. »

« A Stresa, le 17 février 1850. »

Cependant les passions fermentaient ; on rouvrait le champ de la polémique et des attaques violentes qu'avait fermé la prudence pontificale de Grégoire XVI. Rosmini, plein de confiance dans son droit, et voulant d'ailleurs rester fidèlement soumis à l'interdiction prononcée par le dernier pape, s'abstint de toute réponse; mais il envoya un de ses disciples mettre sa conduite, ses ouvrages et sa personne à la discrétion du Souverain Pontife. Pie IX commença par imposer de nouveau silence aux ennemis et aux défenseurs de Rosmini; puis, pour mettre un terme à tant d'animosités et de haine, il résolut de faire examiner les opinions controversées.

On nomma deux commissions qui se partagèrent les ouvrages de Rosmini. L'une était composée de douze consultants et des cardinaux de la sacrée congrégation de l'Index, l'autre de seize consultants, assistants du cardinal prêtre et des cardinaux assistants du Saint-Père lui-même.

L'examen fut long; il dura quatre années, mais il fut favorable, et Rosmini eut la consolation d'en apprendre le résultat, qui lui fut communiqué par ordre exprès et au nom du Pape. La décision suprême portait : *Dimittantur opera*

Antonii Rosmini. Que les ouvrages d'Antoine Rosmini demeurent libres.

Rosmini avait une constitution si heureuse, et il eut longtemps une santé si parfaite, que dans les premières années de sa jeunesse il croyait, disait-il souvent, sentir la pleine jouissance de la vie telle qu'avait dû la sentir Adam dans l'intégrité de sa nature.

Sa belle et calme figure, empreinte à la fois de finesse et de force, de douceur et de fermeté [1], semblait emprunter aussi quelque chose aux âges d'innocence.

Dès 1827, l'excès du travail avait porté à cette robuste nature des atteintes contre lesquelles il ne se mit pas suffisamment en garde; prenant quelques soins, n'en attendant jamais le plein effet, et reprenant sa vie laborieuse aussitôt qu'il se trouvait mieux. La lutte entre l'abus du travail et la force du tempérament finit, après une longue suite d'années, par amener d'habituelles

[1] Manzoni possède un portrait de Rosmini de la plus parfaite ressemblance. Le comte Stampa en possède un autre, fait dans les derniers temps de la vie du grand philosophe. C'est une œuvre extrêmement remarquable.

souffrances. Des coliques hépatiques l'ayant saisi vers la fin de 1854, à Roveredo, il se mit prématurément en route pour Stresa, où il arriva fort malade.

Les douleurs persistèrent, et en mars 1855 elles devinrent affreuses.

Lorsque le bruit de sa maladie se répandit, on vit de tous côtés accourir, auprès de lui, de Milan, de Turin, de Gênes, de Vérone, de Roveredo, etc., une foule d'amis, d'admirateurs, de grands personnages et de médecins célèbres. L'auteur des *Fiancés*, Alexandre Manzoni, fut un des premiers à se rendre auprès du saint prêtre qu'il aimait, admirait et vénérait; le comte Stampa, son beau-fils, et donna Teresa Manzoni, sa seconde femme, l'accompagnaient. La vue de son ami parut adoucir un moment ses souffrances. Il semblait que l'approche de la mort le rendît à la fois plus affectueux et plus tendre, plus confiant et plus résigné. Frappé des soins dont il était l'objet, il dit un jour : « Ce serait un beau sujet de glorifier la bonté « divine que de montrer comment elle sait « rendre moins pénible à l'homme le cruel mo-

« ment de la mort ; elle soutient son courage
« par mille moyens que fournissent tour à tour
« la nature, l'amitië, la science et la religion.
« Outre les soins physiques, il y a pour un
« mourant de douces paroles, de consolantes
« espérances, les exemples de morts fermes et
« généreuses, les ineffables secours de la grâce.
« Un tel sujet voudrait un maître, disait-il. La
« matière est riche ; il ne s'agirait que de la
« mettre en œuvre. »

Son confesseur lui parlait des prières qu'on
adressait à Dieu pour sa santé : *Domine, ecce
quem amas infirmatur.* « Il faut, répondit-il,
« demander pour moi la vie éternelle, car quant
« à la vie qui passe, il n'y a plus de remède.

« Soumettons-nous, répétait-il souvent, sou-
« mettons-nous à la volonté de Dieu en toute
« chose. Qui s'est uni à Jésus doit être content
« de ce qui arrive. N'oubliez pas cette parole
« du Seigneur : *Ego sum resurrectio et vita.* »
— « Me voici entre les deux mondes, le monde
« de la vanité et le monde de la vérité. Avant
« peu, je me présenterai au tribunal de Dieu. Ma
« confiance est dans celui dont il est dit : *Par-*

« *ticeps ego sum omnium timentium te*, et aussi
« dans les mérites du grand corps dont il est
« le chef, et dont nous tous, qui sommes bap-
« tisés, nous sommes les membres. »

Le doyen de l'Institut s'étant mis à genoux
et lui ayant demandé pour lui et pour les religieux, pardon de toutes les fautes qu'ils avaient
pu commettre, Rosmini l'interrompant : « C'est
« à moi, dit-il, à vous demander pardon, par-
« ticulièrement de n'avoir pas toujours dans
« mes réprimandes, usé de la mansuétude que
« vous méritiez. J'espère, du moins, en commet-
« tant cette faute, n'avoir pas péché par humeur
« ou malice, n'ayant jamais ressenti le moindre
« défaut d'affection pour aucun. Je vous ai tou-
« jours aimés, fils chéris, je n'ai jamais désiré
« et voulu que votre avancement ; mais l'homme
« est fragile et il faillit souvent même en faisant
« le bien. C'est pour cela que nous devons tou-
« jours craindre et nous humilier, rien n'étant
« plus vrai que ce qui est écrit dans les saintes
« Écritures : *Omnis homo mendax*, tout homme
« est un trompeur. Je vous demande donc par-
« don à vous et à tout l'Institut, que la Provi-

« dence a voulu confier à mes faibles mains. Car
« elle se sert souvent des instruments les plus
« misérables et les plus incapables pour ses des-
« seins les plus grands. Faites toujours régner
« la paix parmi vous. C'est par la paix et l'union
« qu'on arrive à tout bien, je vous les recom-
« mande et vous recommande par-dessus tout
« l'obéissance à vos supérieurs. »

Tous s'agenouillèrent et lui demandèrent au
milieu des pleurs et des sanglots sa bénédiction,
lui promettant d'être toujours fidèles à ses enseignements, à ses exemples et à ses derniers vœux.

« C'est là pour moi, au moment de mourir,
« reprit Rosmini, une douce consolation. En
« vous appliquant à acquérir la perfection, vous
« serez un triomphe pour Dieu, et vous serez un
« triomphe pour moi-même. »

Après cette scène édifiante, il voulut rester
seul, et parut goûter un repos dont il n'avait
pas joui depuis longtemps.

Pourtant la maladie qui s'était prolongée
s'aggravait, Manzoni n'avait pas voulu s'éloigner : il voyait tous les jours l'illustre malade.
« Je suis dans les mains de Dieu, lui dit un jour

« Rosmini, et je me trouve bien ; mais vous,
« mon ami, comment rester à Stresa, quand
« vous êtes si souffrant ? où que je sois, dans le
« temps ou dans l'éternité, de près ou de loin,
« croyez-le bien, Manzoni sera toujours mon
« cher Manzoni. »

En répondant à ces effusions, Manzoni expri-
mait l'espérance que Dieu ne le rappellerait pas
encore, parce qu'il était encore trop nécessaire
ici-bas. « Il n'y a personne de nécessaire, reprit
« Rosmini, les œuvres que Dieu commence, Dieu
« sait les finir. Sa puissance et sa bonté pour-
« voient à tout. C'est un abîme devant lequel
« nous devons nous jeter la face contre terre
« pour adorer. Désormais inutile sur la terre,
« la crainte d'y devenir un embarras me fait
« désirer la mort ; et quand je mourrai, demain
« peut-être, adorez en silence et réjouissez-vous
« dans le Seigneur. » A ces mots, le malade
pressa la main de Manzoni et la baisa. Manzoni
ému, pressa à son tour la main de Rosmini
contre ses lèvres ; puis, par un mouvement
involontaire, comme soudainement frappé de
la grandeur de ce puissant esprit près de s'é-

teindre, il courut à l'extrémité du lit et baisa
ses pieds. Rosmini protesta d'un geste affaibli,
et d'une voix mourante : « Vous m'avez vaincu,
« s'écria-t-il, parce que les forces m'abandon-
« nent. » Et ils pressèrent de nouveau leurs
mains.

Un peu plus tard Rosmini eut encore avec
Manzoni un long entretien que sa faiblesse ne
semblait pas capable de supporter, et qui pourtant le laissa calme et sans fatigue. Cependant
cette belle vie dépérissait de minute en minute. Ses paroles devenaient plus rares, son
intelligence plus lente, son regard plus lan-
guissant; son sourire, qui fut le dernier à
mourir en lui, était moins vif. Chaque parole
lui coûtait un effort douloureux, et, de ses
lèvres péniblement entr'ouvertes, il ne sortait
que des préoccupations pour les autres, jamais rien sur ses souffrances et pour lui-même.
La maladie approchait de son terme ; le 30 juin
l'évêque d'Yvrée arriva ; Rosmini reçut les derniers sacrements de ses mains, en présence de
ses compagnons, de ses serviteurs et des étrangers, tous en prières et en larmes. Le reste du

jour, la douleur lui fit pousser de longs gémis-
sements ; mais une heure avant le moment fatal,
il se tut, et à deux heures du matin, le 1er juillet 1855, après s'être posé pour la mort, il expira.

Peindre la douleur de ceux qui l'environ-
naient, dire avec quelle impression partout en
Italie fut reçue la nouvelle de sa mort serait difficile.

Voici en quels termes Manzoni annonçait ce
fatal événement à l'ami qui écrit ces lignes :

« Milan, le 24 juillet 1855.

« Vous avez été informé par les journaux de
« la perte immense que la religion et la science
« viennent de faire par la mort de l'abbé Ros-
« mini. Après cela, c'est à peine si j'ose vous
« parler de ce que jai perdu moi-même, lié
« comme j'étais avec lui, depuis trente ans, par
« un sentiment qu'il daignait et que j'osais ap-
« peler amitié : j'ai passé chez lui, à Stresa, les
« derniers quinze jours de sa vie, abattu par la
« douleur et soutenu par l'admiration. Au milieu
« de cruelles souffrances, je l'ai toujours vu,
« non résigné, mais reconnaissant, j'ose ajouter

« joyeux de ce que la volonté de Dieu s'accom-
« plissait en lui. Ce qu'il avait enseigné si élo-
« quemment et avec des raisons si neuves et si
« profondes, il le pratiquait dans de tels mo-
« ments avec une fidélité héroïque. Sa renom-
« mée a grandi immensément en Italie après sa
« mort ; j'ose prédire qu'il en sera de même
« dans tous les pays civilisés et que ce sera sans
« retour[1]. »

[1] Un autre ami de Rosmini, M. Ruggiero Bonghi, dont le
nom est cher aux lettres et aux sciences, publiait dans le
Spettatore de Florence, sur la mort de Rosmini, un article
nécrologique dont nous rappellerons les dernières lignes :
« Rosmini n'est plus : l'Italie a perdu le plus grand esprit
« et l'âme la plus sainte qu'elle possédât. Mais il nous reste
« un héritage immense d'affections et d'idées. Ses confrères
« et ses amis feront vivre les unes, c'est à la jeunesse ita-
« lienne à féconder les autres. Tous se sentiront meilleurs
« et plus grands dans sa mémoire. »
Les divers organes de la presse en Italie ont reproduit les
mêmes sentiments et les mêmes regrets.

DE L'INVENTION

DIALOGUE

En faisant visite ce matin à un de mes jeunes amis, je le trouvai engagé dans une conversation avec un de ses camarades, qui est aussi mon ami, autant du moins que le permet la différence de nos âges, circonstance à noter ici pour justifier ce que le ton du dialogue aurait d'étrange entre simples connaissances.

Non, non, disait, au moment de mon arrivée, le maître de la maison, non! je n'irai pas plus loin tant que cette question ne sera point éclaircie.

— Bon! m'écriai-je, de quoi s'agit-il?

— Dispute de mots, répondit l'autre. Nous causions d'art : il m'échappa de dire que l'œuvre du poëte et de l'artiste, en général, était une

création, et, là-dessus, voilà notre ami qui, d'un
air sérieux, hoche la tête, comme s'il était nécessaire de rétracter ce qu'on n'a pas pensé à
dire. En employant le mot *création*, je me suis
servi d'une manière de parler généralement admise; mais ce mot pris à la lettre ne pouvant se
défendre, je l'ai retiré de bonne grâce. Toutefois,
ce Monsieur, qui subtilise sur tout depuis qu'il
s'est mis à lire des livres de philosophie, n'est
pas satisfait; vous l'avez entendu.

— Soyez notre juge, reprit l'autre, en se
tournant vers moi.

Ici, pour plus de clarté, je mettrai directement
en scène les deux interlocuteurs, dont l'un sera
le premier, et l'autre *le second*. Si je disais leurs
noms, je me ferais une méchante affaire.

LE PREMIER.

Soyez donc notre juge. Pour définir l'opération propre de l'artiste, il emploie un mot de la
plus haute portée et qui n'a malheureusement
rien à faire ici. Il le retire, c'est vrai; mais il
n'en a pas moins soulevé une question fort inté-
ressante qu'il voudrait laisser indécise. Il met

en avant ce que fait l'artiste, et quand, pour le
prouver, il me dit ce que l'artiste ne fait pas, il
veut que je sois satisfait. Non, en vérité, et je
ne veux pas continuer de raisonner sur l'opération de l'artiste, sans savoir quelle est cette opé-
tion.

Il faut qu'on m'explique d'abord nettement
ce que fait l'artiste ; est-ce là, je vous le demande,
une question de mots?

LE SECOND.

Eh bien ! je dirai qu'il invente. Qu'avez-vous
à répondre à cela?

LE PREMIER.

Si vous eussiez employé ce mot en place de
votre malencontreux *il crée*, je n'aurais pas fait
d'objection. Maintenant ce n'est plus ce qu'il
me faut : *inventer* est un mot qui indique et
qui n'explique point. Il est bon pour distinguer
une opération d'une autre, non pour spécifier
en quoi consiste ce que nous cherchons à présent. Par exemple, si vous dites que le poëte
diffère de l'historien en tant qu'il invente, vous
établissez suffisamment la différence qu'il y a

entre les deux; mais il reste à demander ce que fait le poëte quand il invente.... Or, voyons : le mot est un dérivé; quelquefois le sens des dérivés ressort clairement de leurs racines. *Inventer* vient d'*inventum*, ou c'est un fréquentatif d'*invenire;* si donc vous voulez dire expressément que l'artiste trouve, c'est bien; parce qu'il est nécessairement sous-entendu que l'objet existait avant que le poëte le soumît à l'opération de son esprit.

LE SECOND.

Comment! *existait?* ce qu'il a inventé, *existait?* Prenons une fleur de fantaisie, une fleur qui ne se trouve pas *in rerum naturâ*, et que le peintre invente pour la placer dans une ornementation. Cette fleur existait?

LE PREMIER.

La fleur, non. Mais il s'agit de l'idée.

LE SECOND.

Je l'entends bien ainsi. L'idée qui n'était venue avant lui à l'esprit de personne...

LE PREMIER.

Prenez garde à cette expression : *venue à l'esprit*. On ne *vient* que lorsqu'on est.

LE SECOND.

Toujours des chicanes de mots.

LE PREMIER.

Donnez-moi un autre instrument pour saisir vos idées.

LE SECOND.

Eh bien, je dirai : Cette fleur idéifiée, pensée, excogitée, imaginée par lui... On sue sang et eau avec vous, pour trouver des mots qui ne soient point sujets à dispute. De quoi riez-vous donc maintenant, vous tout à l'heure si sérieux ?

LE PREMIER.

Je ris précisément de votre peine pour trouver des expressions moyennes entre deux extrêmes qui n'en admettent point. Je vous ai averti d'être sur vos gardes : Le chemin de votre thèse est rempli de piéges. Que voulez-vous? On

sous-entend une idée, puis on emploie des locu-
tions analogues à l'idée sous-entendue. Mais
poursuivez.

LE SECOND.

Je poursuis sans plus me laisser démonter par
vos chicanes. Cette fleur, qu'un artiste a imaginée le premier, dira-t-on qu'elle existait ? *Ego
non.*

LE PREMIER.

Mais il semble que si ; puisque vous ne voulez
pas dire que l'artiste l'a créée.

LE SECOND.

Voulez-vous en finir d'un mot ? Dites-moi où
la fleur était, et alors je vous concéderai que la
fleur existait.

LE PREMIER.

Oh ! vous n'avez pas assez d'une question à la
fois, d'une question, selon vous, fort compli-
quée ; vous la compliquez encore d'une autre.
Cherchons d'abord si l'idée existait : si nous
trouvons que non, nous nous épargnerons la seconde question ; dans le cas contraire, qui sait

si nous n'arriverons pas plus facilement à la résoudre? Il ne faut dévider à la fois qu'un seul écheveau.

LE SECOND.

Eh bien ! démontrez que l'idée existait.

LE PREMIER.

Je l'essayerai si vous m'y aidez l'un et l'autre.

LE SECOND.

Moi, je ne veux que vous contredire.

LE PREMIER.

C'est encore une manière d'aider à la découverte de la vérité. Et vous, qui ne dites rien, de quel côté vous rangez-vous?

Vous m'avez constitué arbitre, répondis-je; je dois écouter jusqu'à la fin et ne pas faire préjuger mon arrêt.

LE PREMIER.

Excellent prétexte pour ne pas mettre son enjeu. Enfin, puisque c'est moi qui défend la thèse, permettez-moi de la discuter à ma manière. J'irai par un chemin court, mais pas

direct, puisque vous avez mis devant moi une
montagne qu'il faut tourner. Ne me rappelez
pas, je vous prie, à la question, quand il vous
paraîtra que je ne marche pas assez vite. Mais
pour vous dédommager de votre patience, si,
en définitive, je bats la campagne, sifflez-moi.

LE SECOND.

Sans miséricorde.

LE PREMIER.

C'est juste. Dites-moi donc, mon cher ennemi,
vous paraît-il impossible que deux artistes, aux
deux bouts du monde, sans le moindre rapport
entre eux, inventent (ce mot reste neutre) inventent la même fleur, tout à fait la même,
sans aucune différence.

LE SECOND.

Je réponds sans hésiter que cela me paraît
moralement impossible.

LE PREMIER.

Pour l'amour de Dieu, ne nous embarrassons
pas d'adverbes qui changent le sens du terme
principal; il ne s'agit pas de la probabilité qui

pourrait décider une personne à faire ou ne pas
faire un pari. Il s'agit de simple possibilité. Il
n'y a qu'une espèce d'impossible; c'est ce qui
implique contradiction. Je vous demande donc,
si le simple fait qu'un artiste a imaginé une
fleur a pour conséquence que tout autre homme
n'en peut point imaginer une semblable?

LE SECOND.

A la rigueur, je n'oserai pas l'affirmer; mais
que voulez-vous? Je trouve une difficulté insurmontable à l'admettre comme possible.

LE PREMIER.

Dans ce cas, il faut analyser la difficulté; car,
ou nous la trouverons réellement insurmontable,
et je m'avouerai vaincu; ou nous n'y verrons
qu'un obstacle apparent, et il faudra le mettre
de côté et prendre garde qu'il ne se présente
sous une autre forme. Voyons donc : Si je disais
que les deux fleurs peuvent se ressembler en
partie, ou, en d'autres termes, être les mêmes
dans quelques parties, refuseriez-vous de l'admettre?

LE SECOND.

Non certainement.

LE PREMIER.

Même il serait étrange de supposer que deux choses de même nature inventées par deux individus différents dussent différer dans chacun de leurs détails. N'est-ce pas?

LE SECOND.

Parfaitement d'accord.

LE PREMIER.

Pour faciliter notre raisonnement, divisons abstractivement ces fleurs en un certain nombre de parties, vingt, par exemple. Si je dis que trois de ces parties pourraient être les mêmes dans les deux fleurs, le niez-vous?

LE SECOND.

Non.

LE PREMIER.

Bien. Pensez-vous que la possibilité des trois parties à être les mêmes soit attachée exclusivement à ces trois parties?

LE SECOND.

On ne peut pas le penser..

LE PREMIER.

En fait, nous n'avons supposé dans aucune d'elles des qualités spéciales; nous ne les connaissons que comme parties, et nous n'avons pas de motif raisonnable pour nier quant à l'une ce que nous affirmerions quant à l'autre. Or, si une telle possibilité existe dans chaque partie, il s'ensuit directement que l'ensemble des deux fleurs peut bien être le même.

LE SECOND.

L'ensemble! mais voilà justement la difficulté.

LE PREMIER.

Quelle est cette difficulté, dont vous ne sauriez donner les raisons? et savez-vous pourquoi? Parce qu'elle ne naît pas de la chose même, mais de votre manière de l'envisager; elle vient de ce qu'à votre insu vous appliquez des calculs de probabilité à une question de simple possibilité. Je vous le dis sans détour; car moi

aussi j'ai *pataugé* assez longtemps dans ces ter-
rains bourbeux dont je me suis tiré qu'à grand'-
peine. Faites encore un effort et je suis sûr que
vous en sortirez plus vite que moi. Si aux trois
parties que vous m'avez accordées je vous demande d'en ajouter une quatrième, où serait le
prétexte pour me la refuser? J'ai le même droit
sur la quatrième partie que sur les trois premières. Je vous pousse ainsi jusqu'à la dix-neu-
vième inclusivement : à chaque pas la difficulté
paraîtra seulement plus grande. A la dernière,
des cris! *quivi le strida*, comme dit le Dante.
C'est là l'effort, le saut périlleux, parce que c'est
ce qui achèvera le miracle. Mais où donc est
l'effort, le saut périlleux, le miracle? C'est une
partie comme les autres; être la vingtième et
venir la dernière n'est pas une qualité, une condition de nature ; c'est un numéro que nous lui
avons donné, sans la moindre intention de la
distinguer des autres parties. Considérez-la en
elle-même ; rien en elle ne vous dira que les
autres sont déjà passées; vous n'y remarquerez
rien, sinon qu'une même possibilité intrinsèque,
inhérente, inséparable; cela est si vrai que je

puis la transporter, dire que je me repens de
l'avoir mise la dernière, la placer au nombre
des trois que vous m'avez concédées et mettre
une de celles-là à la place, sans que vous y puis-
siez trouver à redire. La conséquence est que si
la fleur inventée par les deux artistes peut être
la même dans chaque partie, elle peut l'être
aussi dans son ensemble : la première démonstration implique la seconde. J'avais à peine besoin de le prouver ; en réalité vous me l'aviez
concédé tout d'abord. Votre expression « *moralement impossible* » ne signifiait autre chose
qu'excessivement difficile ; mais « *difficile,* »
n'importe à quel degré, signifie toujours possible.

LE SECOND.

Et vous en inférez.....?

LE PREMIER.

Que la question principale est résolue.

LE SECOND.

Je n'en vois pas tant, moi.

LE PREMIER.

Nous sommes placés entre le possible et l'im-

possible; que voulez-vous de plus? Nos deux
artistes ont, ou, ce qui est tout un, peuvent
avoir la même idée d'une fleur imaginaire. Cette
idée existait ou n'existait pas avant qu'elle vînt
à l'un et à l'autre. Si elle existait, ils l'ont, pour
l'avoir trouvée tous deux. Voilà la chose possible. Si nous voulons dire qu'elle n'existait pas,
il nous faut dire que les deux artistes l'ont faite :
voilà l'impossible. Car il n'y a pas à distinguer,
et il est impossible qu'une seule et même chose
soit faite par deux personnes et faite tout entière par chacune.

LE SECOND.

Doucement, il y a ici une équivoque.

LE PREMIER.

Une équivoque! querelle de mots à votre tour.
Je ne m'en plains pas. Mais où est-elle donc l'é-
quivoque?

LE SECOND.

Autre est dire « une même chose; » et autre
« une seule chose. » et vous les confondez. Je
vous demande, par exemple, combien vous avez
acheté ce livre; vous répondez cinq francs, et je

vous dis que moi aussi je l'ai eu pour le même prix. Est-ce que cela signifie que vos cinq francs et les miens sont une seule chose?

LE PREMIER.

Non pas certes vos cinq francs, écus, et mes cinq francs, écus; mais l'idée du prix est une seule chose, comme l'idée de cinq francs. Cela est si vrai que vous avez pu payer avec une pièce de cinq francs, moi avec cinq pièces d'un franc; cependant vous, en prononçant ce mot et moi en l'entendant, nous avons eu la même idée, c'est-à-dire une seule idée, parce que nous faisions abstraction de la monnaie.

LE SECOND.

Il me semble que la chose sera plus sensible en prenant votre premier exemple. Je suppose que les deux artistes ont exécuté leurs dessins, chacun de son côté, et que les deux œuvres se trouvent être parfaitement semblables, comme les deux idées. Les artistes nous les présentent; nous les regardons l'une après l'autre; c'est tout à fait la même chose, disons-nous, pas la moindre différence. Est-ce que nous voulons dire par là que ces deux objets n'en font qu'un ?

LE PREMIER.

Nous y voilà encore. Les œuvres matérielles dans lesquelles l'idée s'est réalisée sont deux ; l'idée est une. Je vais vous faire mieux saisir cette distinction. Prenez un des dessins et jetez-le au feu. Direz-vous que celui qui est brûlé et celui qui ne l'est pas soient une seule chose ? Eh bien, essayez un peu par plaisir d'en faire autant de l'idée.

LE SECOND.

Rien de plus simple : je suppose que l'un des artistes a oublié l'idée avant d'exécuter matériellement le dessin, tandis que l'autre l'a retenue ; pouvez-vous dire que cette idée, qui n'existe plus là et qui subsiste ici, soit une seule idée ?

LE PREMIER.

Sans doute, et je ne puis pas même dire autrement. Croyez-vous qu'être *oublié* soit synonyme de *ne plus exister ?* Vous m'aimez, et par conséquent vous pensez souvent à moi, même à

de grandes distances ; je le sais et j'en remercie
Dieu et vous-même ; mais la belle affaire si,
toutes les fois que je sors de votre mémoire,
j'étais comme ce qu'on a jeté au feu ! Voyez. Je
puis dire avec vous : l'idée de la fleur n'est plus
là, mais elle existe ici. Puis-je dire de même :
le dessin est brûlé et le voilà encore intact ? Supposons que l'idée revienne à l'esprit de l'artiste
qui l'avait oubliée : je dirai certainement *la voilà*.
Vous pouvez supposer encore que l'auteur du
dessin déjà brûlé en fasse un nouveau tout à
fait semblable, pouvez-vous dire : le voilà...
Mais oui, vous pouvez le dire, et cela est une
preuve très-claire et très-forte de la vérité que
vous combattez. De grâce, un peu d'attention et
suivez-moi de près, pour voir si ce que je vais
dire est dans le vrai et si j'en tire des conséquences logiques. Vous pouvez énoncer le double
fait en question de deux manières très-diffé-
rentes et même diamétralement opposées, mais
qui cependant laissent entendre la même chose
sans la moindre ambiguïté. Vous pouvez dire,
comme je l'ai fait tout à l'heure, le dessin a été
brûlé, mais l'auteur en a fait un autre semblable.

Dans ce cas, vous employez les mots dans leur sens propre : il y a deux dessins, et vous parlez de deux dessins. Mais vous pouvez dire aussi : le dessin a été brûlé, mais l'auteur l'a fait de nouveau ; et s'il vous le montre, vous pouvez l'en féliciter par ces paroles : Je suis très-content de revoir ce dessin dont je regrettais tant la perte ; c'est bien cela, il n'y a point à s'y tromper. Dans ce cas votre langage est figuré, car vous employez un mot qui fait une unité de deux choses distinctes, dont l'une a été et l'autre est. Ce n'est ni erreur ni supercherie, votre phrase même reconnaît deux objets, et vos expressions impliquent une comparaison entre l'un et l'autre.

Tout cela est-il vrai ?

LE SECOND.

Je n'ai pas d'objection, attendons la conséquence.

LE PREMIER.

Qui vous donne le droit, la pensée et la possibilité d'appeler deux choses par le nom qui appartient à une seule ? Ce n'est que l'unité, l'identité de l'idée réalisée dans les deux à la fois. Unité aussi inhérente à l'idée, qu'avouée et reconnue par le langage même que vous employez pour la nier ; unité tellement propre à l'idée, qne vous la transférez à deux choses matérielles, sans réflexion, sans crainte, sans méprise et sans que personne puisse croire que vous prenez deux choses différentes pour une seule. N'est-ce pas l'*uni tertio* qui conduit au *sunt eadem inter se?*

Vous dites pareillement du dessin existant et du dessin détruit : c'est le même ; et vous le dites au moment où vous opposez l'un de ces dessins à l'autre. Qui vous fait parler ainsi, si ce n'est l'idée qui est la même, c'est-à-dire unique, indestructible, incorruptible, immuable ?

LE SECOND.

J'allais vous donner raison ; mais votre nouvelle prétention d'immutabilité....

LE PREMIER.

Comment ! prétention !

LE SECOND.

Oui, prétention ! parce qu'il vous semble avoir gagné du terrain (et je ne le nie pas jus-

qu'à un certain point), vous croyez que vous
allez faire passer toute espèce de paradoxes.
Quoi ! une idée, qui est certainement le résultat
d'une série de changements, car il m'est bien
permis de supposer que l'artiste n'a pas imaginé
tout d'abord sa fleur dans la dernière forme qui
lui a plu, mais qu'il y est arrivé après des tâ-
tonnements, des essais....

LE PREMIER.

Oui, oui, c'est vrai.

LE SECOND.

Eh bien !

LE PREMIER.

Eh bien !

LE SECOND.

Eh bien ! l'artiste a d'abord imaginé la fleur
d'une certaine façon, il n'en a pas été content,
et il s'est dit à lui-même : Changeons ceci,
changeons cela ; puis, il s'est arrêté, parce que
l'idée lui a convenu sous une dernière forme.
Cette idée changée et remaniée cent fois, d'un
coup de baguette, vous la faites immuable.

LE PREMIER.

Prenez garde, vous ne faites que confirmer votre aveu. Vous aviez dit : Le changement de l'idée est possible ; maintenant vous dites : elle peut changer cent et cent fois ; mais vous ne le démontrez pas plus que vous n'aviez démontré la possibilité d'un changement. Que l'artiste ait fait une suite d'opérations, cela n'est pas douteux ; mais que par là il ait changé l'idée, c'est ce qu'il faut prouver.

LE SECOND.

N'est-ce donc pas évident?

LE PREMIER.

Comment voulez-vous que l'impossible soit évident? Voyons ; il n'y a rien de tel qu'une expérience : essayez une de ces opérations, et prouvez-moi ensuite que vous avez changé l'idée.

LE SECOND.

Rien de plus facile. Je suis l'artiste, j'imagine une fleur qui me plaît ; après meilleure réflexion, je trouve une feuille qui fait un mauvais effet et je l'ôte.

LE PREMIER.

Et vous croyez avoir changé l'idée?

LE SECOND.

Je ne l'ai pas changée?

LE PREMIER.

Il faut le démontrer. Et comment prouverez-vous qu'après ce retranchement l'idée n'est plus la même?

LE SECOND.

Il suffit de la comparer avec l'idée de tout à l'heure.

LE PREMIER.

Avec l'idée première? Il y en avait donc une?

LE SECOND.

Je suis pris...

LE PREMIER.

Il y en a une indubitablement, puisque vous vous en servez pour montrer que celle-ci est différente.

LE SECOND.

Je suis pris, vous dis-je,

LE PREMIER:

Sans contredit. Si vous aviez réussi à arracher la petite feuille, le tour était fait; l'idée était bien et dûment changée. Mais le moyen d'arracher une feuille à une idée, lorsque les idées n'ont pas de feuilles?

LE SECOND.

Je n'insiste plus.

LE PREMIER.

Vous n'avez que détourné votre pensée de cette idée pour la diriger vers une autre. Vous avez changé d'idée, non pas changé l'idée.

LE SECOND.

Voulez-vous bien finir ?

LE PREMIER.

Ce n'est pas que ces changements ne soient possibles. Ils le sont parfaitement, mais dans les choses. Malheureusement les idées ne sont pas des choses, toute la difficulté vient de là.

LE SECOND.

Je comprends, je comprends.

LE PREMIER.

Videbimus infra. Je le sais par ma propre expérience, je vous l'ai dit : à l'égard de certaines vérités très-évidentes, que de fois croit-on les avoir bien comprises, avant de les bien comprendre ! A moins d'y arriver par le propre effort de son esprit, on a bien de la peine à apprendre ce qu'on croit savoir le mieux.

LE SECOND.

Voilà un mystère que vous m'expliquerez plus tard.

LE PREMIER.

L'explication viendra d'elle-même si vous ne vous ennuyez pas de me suivre.

LE SECOND.

Au contraire, vous me mettez en goût ; c'est moi maintenant qui veux marcher en avant, ou plutôt retourner en arrière pour repasser nos comptes. J'ai été bien sot de me laisser acculer entre deux mots : créer ou trouver.

Vous saviez bien qu'une fois là, il me faudrait ou soutenir une sottise, ou parler comme vous. Je devais dire, et je dis à présent : L'artiste ne crée point, il ne trouve point ; il réunit, il compose.

LE PREMIER.

L'idée ?

LE SECOND.

Pourquoi pas ?

LE PREMIER.

Parce que les idées sont simples.

LE SECOND.

Mais j'ai le fait pour moi. Est-ce que l'artiste pourrait imaginer sa fleur, s'il n'avait jamais vu des fleurs, ou du moins des formes et des couleurs ?

LE PREMIER.

Certainement non ; mais, encore une fois, ne compliquons pas la question par d'autres, qu'à la vérité on ne peut pas appeler étrangères, mais qui ne sont pas nécessaires.

Arrêtons-nous sur votre objection.

LE SECOND.

Oui, c'est parce que l'artiste a vu des formes

et des couleurs, et en particulier parce qu'il a vu des fleurs, qu'il peut emprunter, pour les donner à sa fleur imaginaire, de telle fleur réelle, par exemple, la forme des pétales, de telle autre la couleur, d'une troisième l'arrangement de la corolle, et ainsi de suite.

Je ne dis pas qu'il emprunte tout à des fleurs réelles. Il peut inventer aussi une forme de pétales ou de feuilles qui n'existe pas dans la nature.

En ce cas, j'en conviens, son opération est différente. Mais en quoi? Il déduit le vraisemblable du vrai; il imite la nature sans la copier. Or, déduire, imiter, ce n'est ni créer, ni retrouver.

LE PREMIER.

Ne serait-il pas mieux de n'examiner qu'une chose à la fois?

LE SECOND.

Oui. Eh bien! que répondez-vous à ma proposition : l'artiste compose?

LE PREMIER.

Qu'il faut la soumettre à l'expérience, comme

nous avons fait tout à l'heure pour l'histoire du
changement des idées.

LE SECOND.

L'expérience! mais ce que je viens de dire
(et vous savez tout ce qu'on pourrait y ajouter),
n'est-ce pas l'expérience même?

LE PREMIER.

Moins la vérification! Reconnaissez-vous que
tout ce qui est composé doit pouvoir se décom-
poser, et qu'après la décomposition la forme
n'est plus la même?

LE SECOND.

C'est incontestable.

LE PREMIER.

Eh bien! complétez l'expérience, décom-
posez; je vous attends là.

LE SECOND.

Que voulez-vous dire avec ce fier : *Je vous
attends là?* Je retranche de la fleur imaginaire
toutes ses parties une à une, ne l'ai-je pas décomposée?

LE PREMIER.

Voilà un beau travail en vérité et une
grande victoire ! et il est bien loti, ce pauvre artiste, après tant de peine, après tant de soins
pour exécuter un dessin ? Comment s'y pren-
dra-t-il, à présent que l'idée, avec laquelle seule
il pouvait l'exécuter, n'existe plus, puisque vous
l'avez mise en pièces ?

LE SECOND.

M'auriez-vous tendu encore un piége ?

LE PREMIER.

Ce sont les heureux piéges de la vérité. Piége
est le vrai mot, parce que la vérité, lorsqu'on veut
la chasser de l'esprit, y descend clandestinement
et s'y cache comme au fond d'un piége, en attendant l'occasion d'en sortir ; mais toujours pour
faire du bien, comme elle vient de le faire à ce
pauvre artiste, en lui conservant son idée non
décomposée, non décomposable, non changée,
non changeable.

LE SECOND.

Vous ne m'y prendrez plus.

LE PREMIER.

Je vous y prendrai toutes les fois que vous voudrez trouver dans une idée les conditions des choses matérielles. Tout dépend donc de vous. Le grand point, c'est de se persuader que les idées ne sont pas des choses. Mais, comme vous le savez et je le sais aussi, le pas le plus difficile est toujours celui qui conduit dehors. Soyez convaincu que votre observation : « L'artiste n'aurait pu imaginer sa fleur s'il n'avait « vu jamais des fleurs ou des formes, » ne conclut rien... pour notre question, s'entend, car elle a une haute portée dans la théorie des connaissances. Elle ne conclut rien pour nous, parce que nous ne cherchons pas les antécédents nécessaires à l'artiste pour obtenir l'idée d'une fleur possible ; nous cherchons si cette idée est née d'une opération de l'artiste, et même en ce moment nous examinons si elle est née d'une composition de l'artiste. L'expérience vient de nous prouver le contraire.

LE SECOND.

Cependant, lorsqu'on dit : « fleur possible, »

on suppose qu'elle pourrait existerᵉ en réalité.
Dans ce cas, ne serait-elle pas composée?

LE PREMIER.

Qu'est-ce que cela fait? Voulez-vous en in-
férer que l'idée de la fleur serait moins simple?
Nous sommes toujours en dehors du sujet. L'idée
est simple, parce qu'elle est une idée, non parce
qu'elle est l'idée d'une chose seulement possible,
ou d'une chose réelle, d'une chose simple, ou
d'une chose composée. Le botaniste qui décompose matériellement une fleur matérielle, pour
s'en faire une idée plus complète, et qui accompagne ou plutôt dirige de sa pensée cette opération mécanique, où en serait-il si, en voulant
comparer une nouvelle et plus riche idée avec
l'idée première, il ne trouvait plus celle-ci, qui
aurait été mise en pièces et éparpillée avec la
fleur réelle? Allons donc, ingrat que vous êtes,
loin de refuser à l'idée ses attributs irrécusables,
vous devriez la remercier à genoux de ce que,
se tenant en votre présence dans son immortelle
simplicité, elle vous offre le moyen, l'unique
moyen, de reconnaître dans ces nombreux frag-

ments de matière la partie d'un tout qui a cessé d'exister. Par quel autre moyen auriez-vous la conscience d'avoir anatomisé une fleur?

LE SECOND.

Dans ce cas, il y aurait donc des idées simples de choses composées.

LE PREMIER.

Bien entendu.

LE SECOND.

Et n'y a-t-il pas là contradiction?

LE PREMIER.

Contradiction? Les choses matérielles sont composées, puisqu'en effet on les décompose. Les idées sont simples, puisqu'au moment où vous croyez en avoir décomposé une, vous reconnaissez que vous n'avez rien fait. Nous avons des idées de choses matérielles. Pouvez-vous nier une seule de ces propositions?

LE SECOND.

Mais comment les concilier?

LE PREMIER.

Belle question qui n'est pas étrangère à notre

4

sujet ! car toutes les solutions se tiennent : il n'y en a pas une, sur un point quelconque, qui ne fasse naître de nouveaux problèmes et ne conduise, de degré en degré, jusques aux solutions les plus hautes. Ces solutions, les esprits privilégiés qui les trouvent, vont humblement les déposer, pour ainsi dire, aux pieds d'un mystère impossible à comprendre, impossible à nier, heureux d'avoir découvert une vérité visible, et non moins heureux de confesser une vérité infinie.

La nécessité où nous sommes de diviser la science en tant de questions, de voir plusieurs vérités dans la vérité qui est une, de sentir que dans toutes il manque, il peut y avoir, et il y a nécessairement un complément; cette force qui de chaque vérité nous pousse vers les autres; cette ignorance qui jaillit à flots du savoir; cette curiosité nouvelle qui naît toujours d'une découverte nouvelle, tout cela est l'effet naturel de notre nature limitée et sert en même temps à nous faire reconnaître cette unité qu'il ne nous est pas permis d'embrasser. Réjouissez-vous donc, si notre causerie vous excite et vous en-

traîne au delà de l'objet qui nous occupe et surtout bien plus loin que ce que je pourrais vous
dire. J'entends que nous étudierons la philosophie ensemble. Cependant il faut voir si les solutions que nous avons données à l'objet spécial
qui nous occupe, tout en excitant notre curiosité, ne nous ont laissé aucun doute; il faut voir
si les faits que nous avons sous les yeux sont
certains et concluants sans chercher, quant à
présent, comment on peut, ni même si on peut
les expliquer; nous arriverons ainsi par un
sentier étroit mais sûr à la solution finale.

Que fait l'artiste quand il invente? Un point
reconnu tout d'abord, c'est que l'objet de son
opération est une idée; un second point c'est que
pour en déterminer la nature, il faut examiner
avant tout si l'idée, objet et fin de l'opération,
la précède ou non. Ne voulant ni dire oui, ni
soutenir que l'idée est créée par l'artiste, vous
avez proposé plusieurs systèmes, au moyen desquels il vous semblait possible d'éviter les deux
termes extrêmes. Nous discutions tout à l'heure
sur celui-ci, savoir si l'artiste compose l'idée. Je
crois avoir prouvé en fait que c'est impossible.

N'avez-vous rien à répondre, passons. Vous avez dit que l'artiste pouvait aussi tirer sa fleur imaginaire de quelques fleurs réelles ou autres objets matériels, question qui touche à beaucoup d'autres, toutes intéressantes; mais on peut la considérer séparément et la renfermer dans des limites qui ne nous retiennent pas trop. Je vous demanderai d'abord, si dans l'idée de l'artiste il y a quelque chose de plus que dans les choses d'où il la tire.

LE SECOND.

Certainement; sans cela il n'y aurait pas d'invention.

LE PREMIER.

Très-bien. Mais alors dites-moi si ce quelque chose de plus existait ou non; car dans le premier cas l'artiste n'a fait que le trouver, dans le second il l'a créé.

LE SECOND.

Mais quand on dit tirer, n'entend-on pas prendre une chose d'une autre?

LE PREMIER.

Prendre où il n'y a rien, c'est impossible.

Aussi faites attention : je ne vous ai pas demandé si d'une chose réelle on peut tirer l'idée de cette chose, et vous avez pu croire contre mon intention que je tenais cela pour entendu, puisque je vous demandais seulement si, dans l'idée de l'artiste, il y a quelque chose de plus. C'était de ma part un raisonnement *ad hominem*, qui devait mener vite et sans obstacles à la connaissance de ce *quelque chose de plus* que non-seulement vous n'avez pas nié, mais que vous avez reconnu et admis formellement. Allons, dites-moi si ce *quelque chose de plus*, l'artiste le trouve ou s'il le crée?

LE SECOND.

Je m'aperçois que vous allez mettre sur le tapis un argument du même genre à propos de l'imitation.

LE PREMIER.

Sans doute. Je vous demande si dans l'idée imitatrice il y a quelque chose qui diffère de l'objet imité et d'où l'artiste le tirera?

LE SECOND.

A notre compte, la raison défendra désor-

mais d'employer ces expressions : *il l'a tiré de,
il l'a imité de*.

LE PREMIER.

On le pourra certainement, pourvu qu'on
n'ait pas en vue d'affirmer l'impossible.

LE SECOND.

Quel est le possible dans ces deux cas?

LE PREMIER.

Le fait. Demandez-vous davantage? Or, est-ce
un fait, oui ou non, que notre intelligence passe
de la contemplation d'une idée à la contemplation d'une autre?

LE SECOND.

Sans doute.

LE PREMIER.

Eh bien, c'est ce qui arrive dans ce que vous
appelez changer, dans ce que vous appelez composer, dans ce que vous appelez maintenant tirer et imiter. Qu'est-ce autre, tout cela, qu'une
succession d'idées? Si vous en doutez, l'expérience sera bientôt faite. Observez, surprenez,
pour ainsi dire, n'importe laquelle de ces opérations de l'esprit dans un moment quelconque;

vous trouverez qu'elle est exercée sur une idée,
idée que vous pouvez à volonté retrancher de
la série et considérer en soi et par soi indépen-
damment des autres. Quant au changement des
idées, nous l'avons déjà observé. Quant à la
composition, prenons toujours pour exemple la
fleur imaginée par notre artiste, et supposons
qu'il ait commencé par la tige : celle-ci est-elle
oui ou non une idée? La feuille qu'il a imaginée
pour l'attacher à cette tige est-elle oui ou non
une autre idée? La tige attachée à la feuille est-
elle oui ou non une troisième idée, et ainsi de
suite? Chacune est si bien une idée que j'ai pu
vous en parler séparément, et chaque fois nous
nous sommes compris. Quant à la déduction et
à l'imitation, y trouvez-vous, sous le rapport de
l'invention artistique, autre chose qu'une succession continue d'idées d'objets réels et d'idées
d'objets uniquement possibles? Sans doute ces
faits doivent provoquer aussi notre curiosité sur
d'autres points.

LE SECOND.

Plus que curiosité, car il s'agit de savoir

comment il peut ne pas y avoir de contradiction
à ce que, par exemple, l'idée d'une tige, celle
d'une feuille, soient renfermées dans l'idée
d'une fleur, et à ce que celles-là restent autant
d'idées séparées, celles-ci demeurant une idée
unique. Véritablement c'est trop fort!

LE PREMIER.

Pourquoi le dites-vous donc?

LE SECOND.

Comment je le dis?

LE PREMIER.

Oui, par les paroles mêmes dont vous vous
servez dans votre négation. N'avez-vous pas dit
l'idée d'une tige, d'une feuille, d'une fleur? Et
n'avez-vous pas avoué par là que les premières
sont renfermées dans la dernière, et que néanmoins elles sont autant d'idées diverses? Voulez-
vous voir où se trouve la véritable contradiction? Elle se trouve entre une première opération de votre esprit et celle qui lui succède,
entre votre langage et vos arguments. Vous don-
nez aux idées le nom d'idée (et vous ne pouvez

faire autrement), puis vous raisonnez sur elles
comme on fait sur les choses. Vous supposez
tacitement mais constamment dans le simple,
les conditions du composé, et il vous paraît singulier qu'il en sorte quelque chose d'étrange, ce
qui au contraire est un effet bien naturel. Du
reste, c'est l'endroit le plus difficile du chemin :
je sais ce qu'il m'a coûté. Je vous répète encore
qu'il ne s'agit pas ici d'expliquer tout ce que
nous pourrons rencontrer en route : cependant,
comme ami, je veux vous dire en passant que
ce qui excite votre curiosité en dehors de notre
sujet a été merveilleusement résolu ailleurs.
Quant à notre question, il me suffit, vous dirai-je une fois de plus et il doit vous suffire, de
voir établi le caractère irrécusable des faits et
l'évidence des conclusions. J'aurais pu même,
j'y songe en ce moment, passer les derniers
faits sous silence ; car, vous ayant demandé d'où
ce quelque chose de plus ou la différence ve-
naient dans l'idée de l'artiste, c'était réduire la
question à ses plus simples termes, ou plutôt à
l'un de ses mille plus simples termes ; mais je
me suis laissé entraîner, par votre curiosité,

dans la haute mer, loin du rivage que nous devons côtoyer, *in piccioletta barca*, n'ayant pour la conduire qu'un pauvre pilote comme moi. Or sus, n'est-il pas temps de conclure? Tournez et retournez la question, argumentez, répliquez tout ce que vous voudrez, vous reviendrez toujours au point de départ, au monologue d'*Hamlet : être ou ne pas être;* là est le nœud de toutes les difficultés. L'idée est-elle ou n'est-elle pas avant les opérations de l'esprit? Nous avons examiné ces opérations dans tous les sens, et de deux choses l'une : ou elles sont un moyen de créer l'idée, de faire que l'idée soit, ce qui est absurde, tant la nature de l'idée répugne à cela, ou elles sont un moyen de faire venir à l'esprit une idée, par conséquent une idée qui existait, ce qui s'accorde parfaitement avec la nature de l'idée et avec la nature de l'esprit. Ici, création impossible; là, découverte possible. Cherchez d'autres arguments, s'il vous plaît.

LE SECOND.

D'autres arguments, je n'en ai pas; mais...

LE PREMIER.

Mais quoi !

LE SECOND.

Parlerai-je ?

LE PREMIER.

Assurément.

LE SECOND.

Eh bien ! tout cela, purs jeux de logique.

LE PREMIER.

La logique un jeu ! La raison n'a donc pas d'instrument pour distinguer le vrai du faux ! Et, vrai ou faux, illusion des deux côtés !

LE SECOND.

Halte-là ! ne me faites pas dire le contraire de ma pensée. Je n'ai pas dit que la logique fût un jeu, je dis qu'on peut parfois se faire un jeu de la logique.

LE PREMIER.

Ainsi, vous admettez que la logique fournit des arguments solides, puissants, qui, appliqués à la vérité, la mettent dans un jour plus

net, plus brillant, et qui, appliqués à l'erreur,
la font évanouir.

LE SECOND.

Aucune de mes paroles ne vous autorise à
me supposer une opinion contraire.

LE PREMIER.

Eh bien! empruntez-lui donc des arguments
propres à briser ces jeux de ma logique? Si vous
êtes dans le vrai, vous me rendrez un grand
service en me démontrant que je me trompe ; je
ne plaisante point. Vous-même, vous avez pris
tout au sérieux, tant que vous avez cru pouvoir
me réduire au silence. Si c'est un jeu que de
chercher dans l'idée ce qui est propre à l'idée ;
celui-là seul est en faute qui y cherche ce qui
est propre à un objet matériel. Est-ce que les
faits relatifs aux idées sont autrement bâtis que
ceux que l'on ne peut pas se dispenser de reconnaître, faute de pouvoir les nier? Allons, ce
faux-fuyant est indigne de vous. Vous ne pouvez
sortir de ce dilemme : l'artiste a l'idée de la
fleur, sans que cette idée préexiste et sans qu'il
la crée, ou l'idée existe antérieurement.

LE SECOND.

Soit. Mais il faut que je m'explique sur ce qui vous fait tant crier. Je vous ai fait une concession, sans trop savoir à quoi je m'engageais; c'est un blanc seing que je vous ai donné, le couteau sur la gorge. Voilà pourquoi j'ai parlé de jeux de la logique. J'ai été enveloppé, puis débusqué de buisson en buisson, et enfin amené... où? à une conclusion que je n'attendais pas et que je ne comprends pas. Quand je dis : *je suis*, morbleu, je sais bien ce que je dis. Quand je dis que vous *êtes*, que ces chaises, que cette table, que ces livres *sont*, je sais encore ce que je dis. Vienne un philosophe me soutenir que c'est une illusion, je lui répondrai sans phrase : illusion, soit. J'ai cette illusion. Mais quand j'ai dit que l'idée *était,* ai-je dit la même chose, et cet *être* est-il différent de l'*être* que tout le monde comprend? Je ne vais pas plus loin. Vous avez voulu me le faire dire, je l'ai dit. Êtes-vous satisfait?

A votre tour, vous avez à me faire connaître, selon nos conventions, où se trouve l'idée avant

5

de paraître à l'esprit de l'artiste. Qui sait si nous
y verrons plus clair !

LE PREMIER.

Comment ne serais-je pas satisfait? ce qui
m'étonne, c'est que vous le soyez aussi. Ne pouvoir nier une chose et ne pas vouloir la concé-
der, c'est se placer sur un mauvais terrain.

LE SECOND.

C'est possible; mais vous ne m'en ferez pas
sortir. Ce que je ne comprends pas, je ne le
comprends pas, et je vous demande où se
trouvait la bienheureuse idée que nous cherchons.

LÉ PREMIÈR.

C'est à vous à me mettre sur la voie.

LE SECOND.

A moi, pourquoi?

LE PREMIER.

N'est-ce pas vous qui, au commencement,
avez trouvé étrange que l'idée de la fleur exis-
tât avant l'invention de l'artiste? Est-ce que
toutes vos exclamations ne tombaient pas sur ce

mot, *avant?* Et par là est-ce que vous ne re-
connaissiez pas implicitement qu'après l'invention de l'artiste l'idée devait exister?

LÉ SÉCOND.

C'est étonnant. J'ai déclaré il y a un instant,
et je ne m'en dédis point, que l'idée n'existait
pas; et maintenant vous voulez trouver une affirmation implicite dans des paroles si claires.

LE PREMIÉR.

C'est déjà un grand pas que de reconnaître ce
contraste : qui sait si un beau moment et quand
vous y songerez le moins, vous ne ferez pas tout
à fait le grand saut? Mais ceci est une parenthèse; pour l'instant nous sommes ailleurs, et
je poursuis : ne m'avez-vous pas dit, en d'autres
termes, mais en substance, que si je savais que
l'idée de la fleur existait avant que l'artiste l'eût
trouvée, je devais savoir aussi où elle était?

LÉ SECOND.

Oui; vous voyez que je suis de bonne foi.

LE PREMIER.

Alors, vous devez savoir aussi où elle est

après que l'artiste l'a inventée. Ne voyez-vous pas qu'en me le disant vous me mettrez sur la voie? Une fois surprise dans un lieu quelconque, nous pourrons peut-être suivre sa piste et connaître ses habitudes, les places qu'elle hante, et découvrir ainsi où elle était dans le principe.

LÉ SÉCOND.

Curieux, curieux, vraiment, vous et tout ce que vous dites! Un mot suffit pour vous répondre; vous le connaissez, vous l'avez déjà dit vingt fois vous-même : l'idée après l'invention est dans l'esprit de l'artiste. Qu'avez-vous à répliquer?

LE PRÈMIER.

Rien, seulement il faut s'expliquer un peu mieux. Dans l'esprit, c'est ce que dit tout le monde; mais c'est un peu vague. Supposons que vous êtes à la recherche de notre ami que voici tout attentif et silencieux; vous me rencontrez et vous me demandez où il est. Si je vous réponds, dans le monde, serez-vous satisfait? Il y a une ode de Pindare (la dixième des *Olympiques,* si je ne me trompe) qui commence à peu près ainsi:

« Dans quel endroit de mon esprit trouverai-je
« écrit le nom du fils d'Archestrate, vainqueur
« aux jeux olympiques, et à qui j'ai oublié que
« je dois un hymne ! » Je vous adresse la même
question.

LE SECOND.

Qu'est-ce que cela signifie ?

LE PREMIER.

Cela signifie que je veux savoir dans quel endroit de l'esprit de l'artiste se trouve l'idée de
la fleur. Est-ce au fond, au milieu ou près de
la surface ; en haut ou en bas, à droite ou à
gauche ?...

LE SECOND.

Quelles demandes de l'autre monde !

LE PREMIER.

Quand il s'agit de trouver un endroit, il faut
le déterminer. Il est de toute nécessité que je
sache si cette idée occupe dans l'esprit de l'artiste
un espace carré, ovale ou rond ; si elle s'y tient
couchée en long ou de travers.

LE SECOND.

Et cela n'est pas un jeu ?

LE PREMIER.

Ce sera vérité ou erreur. Croyez-vous de peu d'importance de savoir à quoi s'en tenir en une matière aussi grave que l'entendement humain et tout ce qui s'ensuit.

LE SECOND.

Mais vous savez bien que quand on dit qu'une chose est dans l'esprit, on entend qu'elle y est suivant un certain mode.

LE PREMIER.

Qui n'est pas celui des corps?

LE SECOND.

Non, certes.

LE PREMIER.

Ceci nous fait gagner bien du terrain; l'exclusion d'un certain mode d'être dans l'esprit resserre considérablement le champ de notre recherche. Maintenant y a-t-il un autre mode d'être? si nous en trouvons un qui convienne, le problème sera résolu; sinon, le travail sera circonscrit d'autant.

Je désire donc savoir si l'idée de la fleur, étant dans l'esprit de l'artiste, sait qu'elle s'y trouve; si elle est flattée de se trouver dans une belle et noble intelligence; si elle connaît les autres idées qui peuvent y résider; si elle fait une comparaison entre celles-là et soi-même, si.....

LE SECOND.

Passez, passez.

LE PREMIER.

Voulez-vous dire qu'elle n'est pas dans le mode des êtres intelligents?

LE SECOND.

Comme s'il y avait besoin de le dire.

LE PREMIER.

Il n'est pas besoin, non plus, de dire dans le mode des animaux simplement sensitifs.

LE SECOND.

Non plus.

LE PREMIER.

Ni comme matière brute, ni comme animal sans raison, ni comme homme, ni comme pur

esprit, en un mot en aucun modé d'être réel.
Mais si elle est dans l'esprit, il faut bien qu'elle
s'y trouve en un mode quelconque. Lequel s'il
vous plaît?

LE SÈCOND.

Un mode à elle, voilà la réponse à des demandes de la sorte. Si cela vous satisfait, nous
sommes d'accord; sinon, trouvez quelque chose
de mieux.

LE PREMIER.

Si je suis satisfait! Que pourrais-je désirer de
plus, et qui aurait dit que vous auriez fait sitôt
la grande enjambée? L'idée est dans un mode
à elle, voilà la réponse à vos objections, tran-
chons le mot, la fin de toutes vos contradictions;
elles étaient bien étranges en vérité. Vous con-
fessiez que l'idée est immuable, que l'idée est
simple; et vous refusiez d'avouer que l'idée
existe. Ce qui n'existe pas, nous l'appelons le
néant.

Par conséquent, si l'idée pouvait aussi ne pas
exister, vous pouviez admettre un néant simple,
un néant immuable. Mais, que dis-je? Ne soute-

niez-vous pas que la fleur idéale était excogitée,
imaginée, composée, que sais-je encore? par l'artiste. Vous n'étiez donc pas bien sûr qu'on ne
pût point excogiter, imaginer, composer le
néant. Mais pourquoi parler de ce que avez dit
il y a quelques instants? Depuis que vous êtes
au monde n'avez-vous pas dit mille fois une
idée nouvelle, subtile, profonde, applicable,
utile, etc.! cela aurait signifié un néant nouveau,
un néant subtile, utile, etc. Lorsque vous dites :
l'idée est belle, mais elle ne me paraît pas facile
à réaliser, cela signifierait qu'il peut y avoir seulement quelques difficultés à la réaliser. Par ces
paroles : l'idée est belle, vous affirmez de gré ou
de force l'existence de cette idée et en même
temps vous lui attribuez une qualité. Qu'est-ce
que vous faites, qu'est-ce que vous pouvez faire
de plus en parlant d'un objet réel quelconque,
qu'en affirmer l'existence et au besoin lui attribuer des qualités? Qu'est-ce que vous feriez de
plus en parlant de l'eau contenue dans cette ca-
rafe et en disant qu'elle est fluide, transparente
et pesante? Mais vous avez objecté que vous ne
compreniez pas cette existence de l'idée. Je le

5,

crois bien : c'était impossible tant que vous cher-
chiez pour la comprendre les caractères de la
réalité. Comment la comprendre sous une forme
qui n'est pas la sienne! Supposons que je vous
dise : « Ce phénomène que vous appelez eau est
« détruit par un autre phénomène qu'on ap-
« pelle calorique, qui le change en un genre
« différent qu'on appelle vapeur. Par consé-
« quent, ce que vous disiez en l'appelant eau,
« ou n'était pas la vérité, ou, ce qui revient au
« même, était une vérité pouvant cesser de
« l'être; et vous voudriez me faire avouer que
« cette eau *est*. Un *être* semblable, je ne le
« comprends pas ; c'est une apparence, rien de
« plus. L'idée qui survit, sans en être affectée,
« à un changement et à tous les changements
« possibles; l'idée identique qui fait donner le
« même nom d'eau à cette apparence que voici
« et à tant d'autres de la même espèce dont des
« milliers périssent, pendant que d'autres mil-
« liers se forment; cette idée seulement *est; je
« sais bien ce que je dis lorsque je l'affirme. »
Eh bien ! si, Dieu m'en préserve, je vous tenais
un tel langage, que me répondriez-vous? O per-

fide idéaliste, tu veux me nier l'existence de la
chose, parce que tu n'y trouves pas les caractères de l'idée. Après avoir regardé fixement et
exclusivement un côté du triangle, tu en tires
la belle conséquence qu'il n'y a que ce seul côté,
et tu ne t'aperçois pas qu'en refusant avec raison
à la réalité les caractères propres de l'idée, tu
lui en donnes d'autres, qui pour être différents,
opposés, n'en sont pas moins également positifs.
Ne vois-tu pas que ces autres caractères n'appartenant pas à l'idée et étant pourtant connus
de toi, puisque tu en argumentes, il faut qu'il
y ait quelque chose autre que l'idée, au moyen
de quoi tu es parvenu à les connaître ? Comment
ce quelque chose sert-il à te les faire connaître,
c'est ce que tu ne sauras jamais, si tu commences
par en nier l'existence, sans examen et sur la
raison seulement que ce quelque chose n'existe
pas dans la forme que tu as fixée d'avance comme
la forme unique de l'être; mais qui t'oblige, je
te prie, à établir pour l'être une forme unique?
C'est ainsi que vous pourriez me répondre, et
vous seriez dans votre droit comme je suis dans
le mien en vous disant à mon tour : Qui vous

forçait à supposer perfidement que l'être n'a
d'autre forme que celle de la réalité? Car votre
résistance à l'évidence, même après que vous
l'avez reconnue, n'a d'autre cause que cette supposition négative toute gratuite.

Sur les questions que vous regardiez comme
un jeu, j'ai mis cette malheureuse supposition
en relief pour vous en montrer la fausseté manifeste et vous contraindre à la désavouer. Elle
vous empêchait de comprendre tout à l'heure
dans mes explications et mes paroles ce que
vous admettez toujours en fait; et quand je dis
vous, j'entends *nous*, nous tous tant que nous
sommes, qui serons ou avons été créés à l'image
et similitude de Dieu. Si vous en voulez la
preuve, écoutez ceci :

Par une belle journée de printemps, je rencontre un paysan dans le champ qu'il cultive;
ce paysan est jeune ou vieux, c'est un fin ma-
tois ou un lourdaud, comme vous le voudrez,
il n'importe. Je le vois en contemplation devant
son blé, qui déjà verdoye, élève sa tête et pro-
met merveille : « A quoi pensez-vous donc? lui
« dis-je. — Je pense, répond-il, que si le bon

« Dieu tient au loin les orages, mon champ me
« donnera bien mille mesures de grain. »

Je lui demande alors si le grain qui est l'objet de sa pensée, il le voit, il le touche, s'il
pourrait le mesurer et le montrer. Il se met à
rire, persuadé que je me moque de lui. Après
ce rire, qui est une réponse fort claire, je lui
dis : « Donc vous ne pensez à rien. » Il me
trouve absurde et se met à rire de nouveau.

Qu'est-ce que cela signifie? que le paysan sait
fort bien, quoique sans pouvoir s'en rendre
compte, que l'idée du blé n'existe pas dans le
mode du blé réel, mais qu'elle existe cependant.
Il sait de plus et nécessairement, parce qu'il ne
se peut pas que deux connaissances d'une même
chose n'aient pas pour objet deux modes différents, il sait que le blé pensé et le blé vu, ou
autrement, que ce qui est présent à son intelligence et ce qui agit sur ses sens, c'est le même
être identique sous les deux formes diverses de
l'idée et de la réalité. En effet, allez le trouver
dans sa grange devant le blé récolté dans ses
champs, il vous dira sans attendre que vous
lui adressiez la parole : « Le voici, grâce à

Dieu, ce froment auquel je pensais là-bas dans mon champ... vous en souvenez-vous? »

Ce sont donc des vérités communes à tous les hommes, sous-entendues, ou plutôt exprimées indirectement dans tous leurs raisonnements. Mais pourquoi voit-on surgir tant de difficultés, tant de répugnances, lorsqu'une philosophie observatrice et véritablement expérimentale les extrait du trésor commun de l'intelligence et, les séparant, les délivrant pour ainsi dire de l'usage pratique et ordinaire que tout le monde en fait, les présente détachées et nues pour les faire reconnaître explicitement? Pourquoi? Ce *pourquoi*, je le lis dans vos yeux, je le vois sur vos lèvres; mais laissons-le de côté pour le moment, nous en trouverons la solution, ainsi que de beaucoup d'autres questions plus importantes, en poursuivant cette étude.

Nous avons reconnu et enregistré cet axiome nécessaire à notre sujet : inventer, c'est trouver, puisque le fruit de l'invention est une idée ou un groupe d'idées, et que les idées ne se font pas; qu'elles sont, et qu'elles sont suivant un mode qui leur est propre. C'est vous qui l'avez dit ; ne retournons plus en arrière et écoutez-moi.

LE SECOND.

Si je disais que je pense sur ce point comme je pensais tout à l'heure, quoiqu'en vérité je pensasse fort peu de chose et que je ne susse pas dire au juste quoi, je mentirais. Mais je vois que ce sont matières qu'on ne peut guère entendre si on n'en sait pas beaucoup d'autres.

LE PREMIER.

Bravo. Nous étudierons ensemble.

LE SECOND.

En attendant, il me semble que nous voilà retombés dans nôtre question première, à moins que ce ne soit un nouveau tour de votre façon. Nous cherchions où l'idée se trouve, et nous en sommes à savoir si elle existe.

LE PREMIER.

C'est que nous n'avions pas suffisamment discuté ce point en son temps. Vous m'aviez fait une concession, mais en protestant. *Juravi linguâ, mentem injuratam gero*, paraissiez-vous dire. Il fallait donc ou revenir en arrière pour bien poser nos jalons, ou aller en avant sans savoir où.

LE SECOND.

C'est vrai ; mais si vous m'avez amené à dire que l'idée, après l'invention de l'artiste, est dans l'esprit de l'artiste, il nous reste toujours à savoir où est l'idée avant de venir dans la tête de l'artiste, dans une tête quelconque.

LE PREMIER.

Oui, et c'est vous qui me le direz, et vous me le direz en latin.

LE SECOND.

La philosophie vous rend vraiment incroyable ; pourquoi moi, s'il vous plaît ? et pourquoi en latin ?

LE PREMIER.

Vous, parce que vous l'avez déjà dit cent fois. En latin, parce que vous l'avez toujours dit en latin. Par exemple, je vous demandais il y a quelques jours si vous aviez connu un tel ; vous m'avez répondu : A sa mort, j'étais...

LE SECOND.

Ah! *in mente Dei*, voulez-vous dire?

LE PREMIER.

Justement; eh bien! ce mot, c'est maintenant qu'il faut le répéter ; le sujet l'exige absolument. En effet, voir que l'idée existe dans l'intelligence de l'artiste, mais suivant un mode tout à fait différent des choses réelles, c'est voir que l'idée ne peut exister que dans une intelligence; et s'il est absurde de dire que la chose pensée n'est rien du tout, il serait également absurde et contradictoire, *in terminis*, de dire que la chose pensée existe d'elle-même sans un être pensant. Donc, pour trouver où était l'idée avant qu'elle se présentât à l'intelligence d'un de nous qui existons à présent, mais qui n'existions pas autrefois et pouvions ne jamais exister, il faut remonter à celui qui était, est et sera *in principio, nunc et semper*. Ne sont-ce pas là des vérités fort communes? si communes, que ce que vous avez dit en latin, nous pouvons le faire répéter en langue vulgaire à l'homme le plus illettré, pourvu que nous le lui demandions de manière à nous faire comprendre. S'il ne le dit pas, c'est non-seulement parce qu'il sait ce qu'on lui demande, mais encore parce qu'il ne croit pas qu'on puisse l'ignorer. Prenons notre paysan de tout à l'heure, qui est si ignorant et si savant tout ensemble, et demandons-lui si Dieu sait tout ce qui peut venir à la pensée de chacun, et s'il le sait sans qu'on puisse dire le moment où il a commencé à le savoir. Le paysan prendra cette question pour une plaisanterie, parce qu'elle suppose le doute sur une chose indubitable, et, soit qu'il réponde, soit qu'il dédaigne de parler, son silence vous dira aussi bien que sa parole qu'une idée quelconque, avant de venir à l'esprit de n'importe qui, existe *ab œterno* dans l'intelligence de Dieu. Croyez-vous la deuxième question résolue?

LE SECOND.

Rigoureusement, oui, comme la première, à l'aide d'une dialectique qui ne donne à l'argumentation que ce qu'elle lui doit, sans rien au delà. Enfin, je la trouve résolue ; mais vous voyez, et bien mieux que moi, je ne dis pas combien de difficultés, mais combien de problèmes sont devant nous! toutes ces idées...

LE PREMIER.

Assez, assez, mon cher, je vois que vous allez me demander un livre, et un livre tel que je serais le plus charlatan des hommes, si je ne me déclarais pas incapable de le faire. Heureusement, il est fait, le voici : ROSMINI, *Idéologie* et *Logique*, *tome quatre*. Vous y trouverez les réponses aux questions que je suis enchanté de vous avoir conduit à me faire ; Vous y verrez que le peu que je vous ai dit, et qui d'ailleurs suffisait à notre sujet, ne m'appartient pas. *Ille finis Appio alienæ personæ ferendæ.* C'est là que j'ai puisé l'assurance qui vous a paru et qui devait vous paraître nouvelle de ma part et quelque peu étrange; c'est grâce à ce livre que je me suis fait un jeu de vos objections et que je vous ai laissé courir à l'étourdi, connaissant le point où vous deviez trébucher. Ma force n'était point à moi, et je m'en sépare. Vous lirez ce volume, je vous le demande, je le veux; car je n'ai pas le droit de paraître ce que Dieu ne m'a point fait, le maître et le vainqueur de mon ami. Vous

lirez donc ce livre, qui a, je vous en avertis, un
inconvénient d'ailleurs assez précieux : c'est
qu'on ne peut pas le lire sans ceux qui le précè-
dent. Quant à ceux qui le suivent, et qui sont
une exposition et une application toujours plus
vastes et toujours concordantes du même principe, et quant à ceux qui, je le demande à Dieu,
suivront ceux-là, et que vous attendrez avec une
sainte impatience, je n'ai pas besoin de vous
presser ; l'envie de les lire vous viendra toute
seule, pour peu que votre première lecture ait
été ce qu'elle doit être, une lecture sérieuse, une
étude. Cette étude, je vous le prédis de même,
vous fera trouver un intérêt nouveau et une
facilité inattendue dans l'examen des différents
systèmes philosophiques, y compris les plus célèbres. En les voyant pour ainsi dire interrogés
un à un sur une question première et fondamentale, et examinés sous leurs aspects les plus
variés avec un seul et suprême *criterium ;* guidé
par l'unité de l'observation, soutenu par l'unité
du but, vous vous étonnerez souvent de devenir
vous-même juge de questions qu'au premier
aspect vous aviez peine à saisir. Vous verrez

alors clairement la double cause du sort étrange
de ces systèmes, d'être à la fois proclamés la
plupart comme de rares et splendides monu-
ments de l'intelligence humaine et d'être aban-
donnés. Grâce à ce *criterium*, d'un côté, vous
connaîtrez, sous une face toute neuve et par des
rapports surprenants, l'évidence, l'importance,
l'élevation de beaucoup de vérités mises en lumière dans la plupart des philosophes, et vous
prendrez une admiration plus raisonnée pour la
pénétration et la puissance des génies capables
d'arriver à ces vérités par des chemins inconnus
ou même opposés aux courants de leur époque.

D'un autre côté, vous rencontrerez dans chacun de ces systèmes ou la négation implicite,
plus ou moins éloignée, d'une vérité suprême,
ou, ce qui est tout un, soit l'omission, soit
l'aveu imparfait et vacillant de cette même vérité.
Voilà les causes qui, souvent, sans être distinc-
tement connues, font tomber tous les systèmes
bâtis sur un principe arbitraire. Il n'y a pas en
effet de principe arbitraire, ou plutôt d'affirmation arbitraire présentée à titre de principe, qui
ne renferme plus ou moins de conséquences

trompeuses dans la série indéfinie de ses conséquences, et qui, par les faussetés manifestes où
elle conduit, ne la fasse voir pour ce qu'elle est,
bien avant même qu'on ait saisi le vice origi-
naire qu'elle cachait en soi.

Quant à certains systèmes qui ne sont pas
des moins célèbres, quoi qu'ils soient des moins
ingénieux, ils ont dû leur triomphe passager à
l'époque qui les a vus naître, après une déca-
dence progressive de la philosophie, et au milieu d'esprits sans défense. Tout l'art de leurs
auteurs consiste, tantôt à donner des solutions
spécieuses aux grands problèmes de la science,
tantôt à les laisser de côté. Ce sera pour vous un
spectacle non moins intéressant qu'instructif, de
voir cette vraie philosophie, observer d'en haut
la marche vague des philosophes, les rappeler
sans cesse à ces mêmes problèmes, et sembler
dire à chacun, comme Opis au faible meurtrier
de Camille :

> *Cur.... diversus abis? Huc dirige gressum,*
> *Huc peritura veni*[1] *!*

[1] Pourquoi fuir? c'est ici qu'il faut venir. C'est ici qu'il
faut recevoir le coup mortel!

N'allez-vous pas vous imaginer qu'il y a aussi
dans le système de Rosmini quelque défaut fon-
damental, caché sous une apparence d'universalité et d'enchaînement rigoureux !

D'abord, il serait bien extraordinaire que ce
ne fût qu'une apparence; puis l'auteur lui-même
vous fournit pour le prendre en défaut des
moyens sûrs et expéditifs, et vous rend singulièrement habile à vous en servir. Agissez avec
lui comme il agit lui-même avec les autres. Tâ-
chez de trouver quelque chose d'antérieur à ce
qu'il dit être le commencement; quelque chose
qui ne soit pas compris dans ce qu'il donne
comme universel; quelque chose enfin qui per-
mette un doute sur ce qu'il présente comme base
de toute certitude. Voyez s'il applique rigoureusement à son système le *criterium* qu'il emploie
à démontrer l'insuffisance des autres, si ses réponses sont nettes, directes, péremptoires à chacune des questions qu'il leur a vainement adres-
sées. N'admettez qu'après vérification les faits
qu'il pose comme faits communs de l'esprit humain, et dont il forme sa base. Pour vous en
assurer, il vous suffira de regarder en vous-

même. A chaque pas nouveau qu'il voudra faire, prenez garde qu'il ne prenne plus de terrain que vous ne lui aurez concédé. Prenez garde qu'après avoir fait une affirmation qui le servirait bien dans un moment, s'en voyant gêné dans un autre moment, il n'en fasse semblant et qu'il saute par-dessus. Enfin tournez sans pitié contre lui cette critique vigilante et inexorable dont il donne des exemples aussi divers que nombreux, des exemples remarquables surtout dans cette partie élevée et difficile de la critique, qui consiste à surprendre et saisir des omissions. Si tout cela n'aboutit qu'à faire éclater à vos yeux la vérité de sa doctrine, alors saluez avec joie la vérité : *Congande veritati.*

LE SECOND.

Mais comment se fait-il qu'une telle philosophie soit encore si peu connue et qu'elle marche à si petits pas vers la célébrité, qu'au défaut du reste mériteraient seules la grandeur du sujet et l'étendue du travail.

LE PREMIER.

Je crois que vous trouverez cela tout naturel,

quand, la connaissant mieux, vous aurez re-
marqué les difficultés qu'elle oppose elle-même
à ses progrès et à sa diffusion. Par exemple,
elle a une prétention singulière : elle demande
avant tout, à qui l'étudie, une complète liberté
d'esprit et une ferme volonté de considérer les
choses telles qu'elles sont en soi, indépendam-
ment de toute habitude non raisonnée et de
toute opinion irréfléchie. Pensez ce qu'on doit
trouver d'étrange dans ce mot SOYEZ LIBRES,
adressé à des hommes qui se croient libres par
excellence ! *Nemini servivimus unquam*, répon-
dent-ils fièrement, et puis ils tournent le dos.
Les habitudes prises et les opinions établies font
que l'on trouve une apparence d'obscurité aux
choses les plus claires, et d'impossibilité aux
plus certaines, aux plus communes, aux plus
incontestables. On dit : je ne comprends pas ;
on dit : vous ne me le ferez pas croire, et bon-
soir à la philosophie !

LE SECOND.

De me fabula narratur.

LE PREMIER.

C'est aussi mon Histoire et celle de bien d'autres.

6

Un ennui de cette philosophie, c'est qu'elle marche avec une extrême circonspection avant de conclure ; elle vous mène à travers une série d'observations, à la suite de chacune desquelles il y a bien un résultat acquis, mais petit et maigre, eu égard à la grandeur du problème, et ce résultat, il faut le tenir en réserve pour s'en servir plus tard avec d'autres dont on aura fait la conquête de la même manière, après mille et mille observations.

Vous voyez bien qu'en tenant ainsi le *donc* prisonnier pour attendre la fin de Dieu sait combien d'évolutions auxquelles il reste étranger, lui d'ordinaire si impatient de naître et de courir ; pour rapporter plus de butin à la maison et enrichir l'esprit sans le trop faire languir ; vous voyez bien, dis-je, qu'une telle philosophie risque de donner vite aux gens une de ces lassitudes dont le repos ne guérit point, parce que c'est la crainte du mal et non le mal même qui la cause.

Un autre ennui, non moins insupportable quand on ne s'est pas résigné aux autres, c'est que cette philosophie est inexorable, allant toujours ferme à son but. Elle ne demande aucune

grâce ; elle veut que vous ne lui concédiez rien ;
elle ne réclame pour ses promesses que leur
évidence; et quant aux conséquences, elle ne
vous laisse, si vous ne les acceptez point, d'autre
alternative ou que de désavouer l'évidence que
vous venez de reconnaître, ou de prouver que
les déductions sont fausses. Il est insupportable
de se trouver ainsi serré, étranglé à tout instant
entre le oui et le non.

Une vérité plaît aujourd'hui, mais on veut
rester libre (c'est de la liberté cela) d'en prendre
demain une autre toute contraire. Vous connaissez le mot : il a raison; mais je suis de l'avis
opposé. On n'est pas toujours si cru; on emploie le plus souvent une périphrase. Ne parle-t-
on pas tous les jours de droits opposés, de de-
voirs opposés, c'est-à-dire de vérités opposées?
Ne dit-on pas tous les jours que la logique mène
à l'absurde? ce qui signifie que dans tout raisonnement la même parole peut à volonté servir à
prouver le vrai et le faux ; que la raison donnée
pour convaincre, peut être donnée pour empêcher de laisser convaincre; qu'enfin le raisonnement est un flambeau qu'on allume quand on

veut forcer les autres à y voir clair, et qu'on
éteint quand on ne veut pas y voir soi-même.
Ces difficultés, dans tous les temps, la philosophie les rencontre, mais aujourd'hui plus que
jamais. Pourtant, une fois surmontées, tout
devient plus facile, et nous trouverons d'autres
aides encore en étudiant ensemble.

LE SECOND.

Vous en revenez toujours là. C'est une gageure.
Je m'étais tenu jusqu'ici hors de prise. Puis,
vous ayant, sans y penser, donné un doigt, vous
avez saisi la main et vous ne voulez plus me lâ-
cher. Je suis occupé d'autres études.

LE PREMIER.

D'autres études! Est-ce qu'il y en a d'étrangères à la philosophie?

LE SECOND.

Vous avez raison peut-être; mais si vous saviez combien j'aime une philosophie commode!
J'entends dire qu'on écrit et qu'on dispute en
Italie sur ces matières; j'entends citer des noms
italiens et des personnes vivantes; je vois dans

les montres des libraires des traités philosophiques de ce pays; et je me réjouis de la manière la plus désintéressée du monde en pensant que notre pauvre Italie, tant aimée, sort du long sommeil que l'étranger lui reproche avec dédain, et qu'elle veut enfin dire son mot dans le débat.

LE PREMIER.

Que nous fussions à plaindre, sans aucun doute; mais qui avait le droit de nous jeter la pierre? Certes, ne rien faire est une triste chose; mais faire n'importe quoi, vaut-il mieux? Si l'inaction mérite pitié, un travail mal fait est-il digne d'envie? Pour ne parler que de ce qu'on peut savoir sans être docteur en philosophie et de choses connues dont nous étudierons ensemble les causes, subsiste-t-il encore un seul des systèmes philosophiques que l'on fabriquait ailleurs pendant qu'on dormait ici, où, par parenthèse, le sommeil ne fut jamais général? Où est-elle maintenant cette philosophie, née dans un lieu, élevée dans un autre, et qu'on a vu dominer sur toute l'Europe pendant une bonne partie du dernier siècle? Est-il quelqu'un au monde qui

la professe, la continue et la soutienne comme
corps de doctrine? Car il ne s'agit pas de savoir
si on en conserve çà et là quelques points vrais,
ni s'il en est passé des bribes dans d'autres systèmes très-différents.

Les effets des philosophies qui ont eu un long
règne ressemblent beaucoup aux actes de César
qu'on fit valoir, vous savez en quel nombre et
pendant combien de temps, après que César
lui-même eut disparu frappé de vingt-trois coups
de poignard aux pieds de la statue de Pompée.
Les conséquences qui ont survécu à la philosophie dont nous parlons, après sa mort, après
l'arrêt prononcé sciemment, absolument et partout, à la suite d'une longue résistance, ne lui
ont survécu avec un peu de vigueur et d'autorité,
que parce qu'elles ne lui appartiennent point et
qu'elles en sont tout à fait indépendantes. C'est
une manière de se survivre à soi-même, qui
n'est ni bien glorieuse pour une philosophie, ni
bien utile aux hommes.

Sans parler d'autres systèmes bâtards, dont la
renommée bornée et les adeptes peu nombreux
ne purent jamais faire école, on vit à la suite de

cette philosophie, naître ailleurs une autre philosophie qui, après avoir végété quelque temps sans disciple, remplit tout à coup l'Europe, moins de sa doctrine, il est vrai, que de son nom. A peine commençait-on à l'étudier hors du pays de sa naissance, que dans le même pays et parmi ses premiers adeptes, surgit un maître qui, avec la pensée de la continuer et de la développer, la refit de fond en comble et en fonda une différente. Du sein de celle-là sortit, peu de temps après, un nouveau maître, qui, à son tour, ne tarda pas à être remplacé par un disciple rebelle à la tête d'une nouvelle école, tous se culbutant les uns sur les autres, comme les épis et les vaches de Pharaon : *devorantes priorum pulchritudinem, nullum saturitatis dedere vestigium.* Encore une fois, je ne fais que rappeler des faits connus, comme ferait des empires tombés une personne étrangère à la politique. Quels poissons ont-ils pris, *per totam noctem laborantes,* pendant qu'on dormait ici? Qu'est-il resté de tant de veilles, de recherches et de méditations? quatre noms[1] et

---

[1] Voir l'*Appendice* à la suite du *Dialogue.*

pas une seule doctrine, une grande admiration
pour la puissance de l'esprit humain et en même
temps une grande défiance..., faut-il le dire? un
véritable mépris pour les découvertes les plus
bruyamment vantées sur ce qu'il y a de plus
sérieux au monde, le principe des connaissances
humaines. A quoi ont abouti toutes ces études
stériles, tous ces efforts sans résultats? A l'opinion irréfléchie, téméraire, funeste, humiliante
que plus notre intelligence s'élève pour voir au
loin, plus les objets lui échappent; que plus
elle descend pour trouver les bases de la science,
plus elle s'abîme dans le vide; et qu'elle ne peut
sortir des erreurs vulgaires, que pour se perdre
dans les illusions d'une science décevante.

Quelle différence avec la philosophie dont je
vous propose l'étude, et que de consolation vous
y trouverez! Quand je dis *consolation*, je ne
parle que de ce qui peut, en comblant le désir,
satisfaire la raison. Là, vous sentirez à chaque
pas le terrain se consolider sous vos pieds. A
mesure que vous monterez, votre regard devien-
dra plus assuré et plus étendu. Guidé par l'observation et toujours rappelé à votre propre té-

moignage, vous trouverez, dans des formules
fort abstruses au premier coup d'œil, le résumé
de ce que chacun de nous croit ou sous-entend;
car l'un des grands résultats de cette philosophie
est justement de maintenir l'humanité en possession des vérités qui forment pour ainsi dire son
héritage naturel, et de les revendiquer contre
des systèmes qui, s'ils ne les effacent pas entièrement de l'esprit de leurs adeptes, ne les y
laissent que comme autant de vivantes contradictions. Vous vous réjouirez de sentir naître en
vous un véritable respect pour l'intelligence
humaine et une légitime confiance dans la raison
humaine, tout en reconnaissant des limites à
l'une et à l'autre pour la connaissance de la vérité; mais en demeurant convaincu que la raison
et l'intelligence ne sont pas et ne peuvent pas
être fatalement condamnées à l'erreur. Cette
conviction, vous la puiserez dans la constatation
des limites mêmes qui leur sont posées, parce
que circonscrire une possession, c'est la reconnaître. Vous éprouverez, je le répète, un véritable et profond respect pour l'intelligence et la
raison qu'une bonté toute-puissante a distribuées

à tous les hommes, sans que la supériorité du
génie mette à cet égard, entre eux, plus de différence que la hauteur des montagnes n'en produit
dans la masse de la terre. Retrancher un peu
de son admiration pour quelques-uns, afin
d'augmenter son estime pour tous, ce n'est
pas perdre.

LE SECOND.

J'aurai un éclaircissement à vous demander,
mais je ne veux pas vous interrompre.

LE PREMIER.

Parlez, les barrières sont ouvertes. Car notre
question est vidée, et il me semble que nous
sommes d'accord. Obligé pour la résoudre, de
recourir à une philosophie, nous avons été
conduits.....

LE SECOND.

Par hasard, sans préméditation ni prévision
d'aucun de nous, n'est-ce pas? Comme si on ne
vous connaissait point !

LE PREMIER.

Vous m'amusez. Nous avons été conduits,

dis-je, à dire un mot de cette philosophie; mais
ce n'a été qu'une parenthèse, vous le voyez
bien; qu'un aperçu sur le but qu'elle se propose, sur sa façon de procéder, sur les résultats
qu'on peut s'en promettre. Il y a loin de là à un
exposé complet. Je ne voulais que vous donner
l'envie de la connaître; je ne me suis astreint à
aucun ordre. Nous pouvons donc sans inconvénient passer à tout autre sujet.

LE SECOND.

Non, non. *Utere sorte tua.* Continuez; l'explication que je désire viendra plus tard.

LE PREMIER.

Eh bien : *Utor permisso.* Seulement, tirez le
pan de mon habit, si vous voyez que j'abuse.
J'ajoute donc qu'en revendiquant la possession
des vérités universellement connues, on arrive
tout naturellement à une excellente chose, à la
manifestation des vérités cachées. Il est impossible de défendre (de bien défendre s'entend)
l'empire du sens commun sans agrandir l'empire de la philosophie. On ne sauve la vérité
que par la conquête. L'erreur a cet avantage,

qu'en cherchant de nouveaux aspects aux choses, elle provoque les esprits judicieux à pousser plus loin leurs observations, et produit ainsi la nécessité ou l'occasion de découvertes et de conquêtes. C'est comme une pierre qu'on rencontre sur son chemin : si on marche à l'étourdi, on trébuche; si on fait attention, c'est un marchepied. Il y a dans cette philosophie un autre avantage que j'ai déjà indiqué, elle réhabilite et remet en place les milliers de vérités éparses dans les ouvrages des plus illustres philosophes de tous les temps. Vous serez surpris du soin avec lequel elle recueille dans tous ces ouvrages, dans les plus célèbres et les plus lus comme dans d'autres moins fameux et dans les plus oubliés, les passages où ce qu'elle dit elle-même se trouve déjà dit, indiqué ou pressenti; elle les met sous les yeux, comme si elle prenait plaisir à se dépouiller le plus possible du mérite de la découverte et de la nouveauté. Mais moins on y trouve de cet esprit d'innovation orgueilleuse et suspecte qui va toujours à refaire de fond en comble le travail de l'esprit humain, plus on est frappé de l'éclat nouveau dans lequel une main heureuse et puissante le fait marcher à grands pas en avant. Le seul fait de coordonner, pour un but unique, des vérités disséminées dans tant de philosophies diverses constitue une véritable nouveauté et des plus utiles; des plus faciles, assurément non. Ce qui charme et console dans l'étude de cette philosophie, c'est d'y voir la science toujours d'accord avec ce que l'homme peut penser de plus droit, de plus noble, de plus bienveillant. Je sais qu'on va me demander ce qu'il y a de commun entre les aspirations du cœur et les déductions de la froide raison, entre les beaux sentiments et la rigoureuse vérité. Ce livre contient la réponse la plus concluante et la plus péremptoire à cette question irréfléchie, qui pourrait se traduire ainsi : Qu'est-ce que l'âme humaine a de commun avec l'âme humaine, l'être avec l'être?

Puisque vous ne m'arrêtez point, je m'arrêterai par discrétion. Voyons l'éclaircissement qui vous préoccupe, et si je puis vous le donner.

LE SECOND.

Vous avez parlé de confiance dans la raison,

7

de respect pour l'intelligence humaine ; mais on
dit au contraire que cette philosophie prétend
anéantir la raison et ne laisser à l'intelligence
d'autre lumière que la foi. Vous devez savoir
que cela suffirait pour dégoûter bien des gens
de votre étude et pour les détourner même de
tout entretien et de toute lecture qui s'y ratta-
cherait.

LE PREMIER.

Je connais cette accusation ; je n'y pensais
point. Mais comment empêcher les gens de dire
le contraire de ce qui est ? Aucune philosophie
n'est plus éloignée de cette étrange erreur de
transformer en quelque sorte Dieu en un ou-
vrier inexpérimenté, qui, pour faire briller avec
plus d'éclat l'image divine que par un don inef-
fable il a imprimée dans l'homme, croirait avoir
besoin de la couvrir ; de cette erreur qui ferait
du chrétien comme une espèce nouvelle et vraiment inconcevable d'animal purement sensitif
sur lequel on aurait, on ne sait comment, enté
la foi. Sans doute cette philosophie est *naturali-
ter christiana,* comme Tertullien le dit avec

une haute raison de l'âme humaine. Sans doute,
après avoir parcouru avec un soin jaloux et
une entière liberté le champ de l'observation et
du raisonnement, cette philosophie se trouve
pour ainsi dire côte à côte avec la foi ; elle voit
dans les enseignements et même dans les mystères de la religion le complément et le perfec-
tionnement de ses résultats rationnels. Ce n'est
pas que la raison puisse jamais arriver d'elle-
même à connaître ces mystères ; ce n'est pas
que, même après avoir été élevée à leur hauteur
par la révélation, elle vienne à bout de les comprendre ; mais elle en entendra assez (je me
sers d'une belle distinction tirée de cette philosophie même), elle en entendra assez pour
voir qu'ils lui sont, non pas opposés, mais supérieurs, et que dès lors il serait absurde de les
nier ; elle en entendra assez pour trouver en eux
l'explication de plusieurs mystères philosophiques. Ainsi fait le soleil, qui ne se laisse pas
regarder, mais qui fait voir. Les conceptions
philosophiques les plus élevées et les plus solides ne pourront jamais produire la soumission de l'intelligence à la foi, ce qui serait

l'anéantissement de la soumission elle-même,
c'est-à-dire une grossière contradiction. Mais les
fausses opinions, les systèmes arbitraires sur la
nature humaine et sur les sujets les plus élevés
de nos connaissances peuvent opposer et op-
posent en effet des obstacles particuliers à une
telle soumission ; car, la vérité n'étant qu'une,
tout ce qui lui est contraire dans l'ordre naturel
lui est également contraire dans l'ordre surnaturel, l'objet restant le même. Or, ces obstacles
peuvent être écartés par une philosophie qui
s'applique à voir les objets tels qu'ils sont, sans
rien ajouter de son propre chef et qui remplace
les fausses conceptions par les vraies. De cette
manière, plus de répugnance imaginaire entre
la raison et la foi ; il ne reste que les répugnances que Dieu seul peut faire surmonter,
celles des sens et de l'orgueil. Sous ces divers
rapports, notre philosophie est chrétienne, mais
non pas au détriment de la raison.

Qu'on s'explique ! Voudrait-on qu'une philosophie, pour être rationnelle et pour demeurer
libre, dût proclamer ou reconnaître *à priori* la
répugnance de la raison et de la foi ? Voudrait-

on que l'intelligence humaine fût illimitée ou
que la vérité eût des limites ? C'est cela qui serait par-dessus tout anti-rationnel et anti-phi-
losophique, et le pire de tous les esclavages. Ces
messieurs peuvent saisir cette philosophie corps
à corps ; s'ils la voient employer l'autorité de la
foi pour éclaircir des questions philosophiques
ou pour les trancher, ils auront raison de dire
que ce n'est plus de la philosophie. Mais ils n'y
réussiront point. C'est pourquoi on trouve plus
commode de mettre en avant et de répéter des
accusations fausses. Je ne prétends pas dire au
moins que la science pourrait, sans la révélation, aller si loin et embrasser un ensemble aussi
harmonieux et aussi vaste. Mais comment s'éton-
nerait-on, que la raison et la foi émanant d'un
seul principe, la première empruntât de la lumière et de la force à la seconde, même pour
avancer dans le chemin qui lui est propre. C'est
le cas opposé et pourtant tout à fait d'accord avec
l'autre de tout à l'heure. De même que dans l'esprit
de l'homme les erreurs scientifiques peuvent servir d'obstacle à la foi ; de même, les vérités révélées
peuvent servir d'aide à la science ; parce qu'en

faisant connaître les choses dans leurs rapports
avec l'ordre surnaturel, elles les font nécessairement connaître davantage ; et la science gagne
ainsi des données plus vastes pour procéder
aux recherches et aux découvertes de son propre
domaine. Or, augmenter les forces d'une faculté,
serait-ce par hasard la dénaturer? lui fournir de
nouvelles armes, serait-ce la désarmer? Est-ce
que l'objet perdu pendant la nuit n'est plus le
même quand vous le retrouvez au jour? Est-ce
que la démonstration cesse d'être l'instrument
spécial et légitime de la philosophie, alors que
l'intelligence la saisit à l'aide de quelque chose
de supérieur à la philosophie? Pour en donner
un exemple, lorsque deux philosophes, l'évêque
d'Hippone et le religieux d'Aquin, observent et
affirment qu'on trouve une représentation de la
Trinité dans toutes les créatures, dans les créatures raisonnables par une sorte d'image et de
ressemblance, dans les autres créatures par
des indications de la cause créatrice gravées en
elles; lorsque le philosophe de Roveredo, à la
suite d'une observation plus générale et plus
immédiate sur la nature même de l'être, obser-

vation susceptible par conséquent d'une application plus large et plus variée, prétend démontrer que l'être est essentiellement un et triple; qu'importe, quant à la valeur scientifique
des observations, qu'elles soient indiquées et
suggérées par la révélation? Est-ce que les qualités intrinsèques des créatures et la nature es-
sentielle de l'être ne sont pas une matière philosophique, un sujet pour la raison? Que l'on
démontre (je serais curieux de savoir par quels
arguments) que ces personnages n'ont vu que
dans un jeu de leur imagination ce qu'ils croient
avoir observé et qu'ils supposent gratuitement
dans les créatures et dans l'être en général ce
qui n'y est pas; alors on aura le droit de rejeter leurs doctrines. Mais leur fermer la porte *à
priori* comme étant étrangères à la philosophie;
mais nier le mérite de la découverte, parce que
le chemin qui y a conduit tient à une cause
divinement bienveillante; cela n'équivaut-il
pas, dialectiquement parlant, à nier le mérite des découvertes scientifiques de Galilée et
de Newton, parce qu'une lampe oscilla devant
l'un et qu'une pomme tomba devant l'autre?

Vous examinerez la théorie de Rosmini sur la science de la morale ; vous reconnaîtrez qu'elle est attachée indivisiblement à l'ensemble de son système, et lorsque vous aurez forcément conclu que le devoir d'aimer Dieu au delà de toute chose et le prochain comme soi-même est rigoureusement d'accord avec la raison ; est-ce que la valeur philosophique des arguments et la justesse de la conclusion perdront de leur force à vos yeux, parce que vous réfléchirez que de si hautes vérités n'auraient jamais pu être atteintes et dégagées par la philosophie sans la lumière de la révélation, toute capable que soit la philosophie de distinguer seule beaucoup de vérités morales et de les réunir dans des théories qui, pour être incomplètes, n'en sont pas moins justes et vraies? Est-ce que la raison, en reconnaissant ce qu'elle n'aurait pu connaître d'elle-même, ne fait pas une opération qui lui soit propre? Vous voyez d'ici que dans cette philosophie dont ma réserve m'a empêché de vous énumérer les conséquences, l'une de ces conséquences, la pius consolante et la plus importante de toutes, est précisément celle dont on s'em-

pare pour en faire la plus étrange objection à
tout le système.

LE SECOND.

C'est dommage que votre philosophie arrive
dans un mauvais moment. Vous avez parlé des
obstacles qu'elle doit rencontrer. Je crains que
vous n'ayez oublié le plus fort, l'horreur ou, si
vous voulez, le dédain de la génération actuelle
pour les spéculations métaphysiques. Si on nous
avait entendus, *est-il possible!* se serait-on écrié,
*quoi! il y a encore des gens qui ont du temps à
perdre pour des abstractions semblables?* Je ne
sais pas si vous auriez eu le courage de continuer
et si vous n'en auriez pas perdu l'envie. En vérité, quand on voit les opinions, les volontés et
les efforts des hommes en lutte pour les réalités
graves, étendues et pressantes de la vie; comment espérer les en détacher pour porter sur
l'entité des idées et les formes de l'Être l'ardeur
qui les anime? Ne me faites pas ces grands yeux
de philosophe en colère; ce n'est pas moi qui
parle, c'est tout le monde, un monde fort superficiel, il est vrai; mais que voulez-vous? l'opinion

7.

est ainsi faite, et difficilement on la changera.
Je crains que votre auteur et les adorateurs
qui veulent propager son nom et ses doctrines,
en le vantant dans leurs ouvrages, n'aient à
dire pour bien longtemps encore : *Cecinimus
vobis et non saltastis ; lamentavimus et non
planxistis.*

LE PREMIER.

Monde superficiel, oui; ajoutez faux et aveugle.
En définitive, cela revient à dire : il s'agit des
choses les plus importantes, les plus pleines de
dangers, les plus considérables dans leurs conséquences ; mais il n'y a que des gens, n'ayant rien
à faire, qui puissent s'en occuper et en rechercher les causes. Eh bien! s'il fut jamais une
époque où les spéculations métaphysiques se
sont promptement transformées et traduites en
faits terribles, c'est certainement l'époque au
milieu de laquelle nous vivons! Sommes-nous
au milieu ou au commencement? Dieu seul le
sait. A la fin? Assurément non. Pour ne pas parler du moment actuel, voyez la première révolution française. Je prends le premier exemple

qui se présente à ma mémoire : il y eut un
homme qui sera éternellement célèbre, non pour
ses qualités extraordinaires, mais pour le rôle
terrible qu'il joua dans une des plus tristes pé-
riodes de cette révolution, Robespierre. La pos-
térité pour ainsi dire immédiate et contemporaine ne vit en lui qu'un monstre de cruauté et
d'ambition ; mais bientôt on reconnut, comme
cela arrive presque toujours, après un premier
jugement, que ce jugement n'était pas complet ;
que deux mots, ambition et cruauté, ne suffi-
saient pas pour expliquer chez un homme une
telle complication de pensées et d'actes ; que
dans le monstre il y avait du mystère. On ne
pouvait, en effet, méconnaître en cet homme une
conviction indépendante de tout intérêt exclusif
et personnel ; la conviction qu'un perfectionne-
ment nouveau, extraordinaire, rapide, était
possible dans les conditions et dans l'état moral
de l'humanité, et pour marcher à son but, son
ardeur était aussi vive, aussi obstinée, que sa
conviction était ferme. De plus, la probité pri-
vée, le mépris des richesses et des plaisirs, la
gravité et la simplicité des mœurs ne sont pas

choses qui aillent ordinairement de compagnie
avec un caractère naturellement pervers et porté
au mal pour le plaisir du mal. On ne peut non
plus les attribuer à l'hypocrisie de son ambition,
parce qu'elles s'étaient montrées bien avant que
son ambition vît subitement s'ouvrir devant elle
un champ au delà de toutes ses prévisions et de
tous ses rêves. Mais une abstraction philosophique, une spéculation métaphysique, dominaient
les pensées et les déterminations de ce malheureux ; voilà le mystère ; voilà, si je ne me trompe,
ce qui explique et concilie tous les contrastes.

Admirateur passionné, lecteur infatigable de
J.-J. Rousseau, dont il avait toujours un volume sur sa table, même dans la plus grande
furie des affaires et des dangers, Robespierre
avait appris de lui que l'homme vient au monde
bon, sans penchant vicieux, et que les mau-
vaises institutions sociales sont la cause unique
du mal qu'il fait et du mal qu'il souffre. Il est
vrai que le catéchisme lui avait appris le contraire, et que l'expérience aurait pu lui donner
la même leçon. Mais le catéchisme, fi donc!
quant à l'expérience, passe encore ; elle était

célébrée, recommandée, prêchée partout, et,
en réalité, elle était alors aussi peu comptée et
consultée que le catéchisme par ceux qui ne vou-
laient pas du catéchisme ; et cela justement dans
des circonstances au milieu desquelles on avait le
plus besoin de ses leçons, c'est-à-dire quand il
aurait fallu surtout vérifier, d'après l'épreuve des
faits, les maximes proclamées comme des vérités
fondamentales, par des voix présomptueuses et
aussi tranchantes que le *sic volo, sic jubeo*.

Assis sur son axiome, Robespierre était convaincu, qu'en faisant disparaître les institutions
artificielles, unique obstacle à la bonté et au bonheur des hommes, et en les remplaçant par
d'autres conformes aux tendances toujours droites
et aux préceptes toujours simples, clairs et faciles de la *nature* (mot d'autant plus puissant
qu'il était moins expliqué), le monde se change-
rait en un paradis terrestre. Il ne faut pas s'é-
tonner que de pareilles idées vinssent à l'esprit
de gens qui ne croyaient pas au dogme du péché
originel, ni qu'avec des formes diverses elles re-
paraissent aujourd'hui sous la même influence.
On peut se refuser à la croyance des dogmes ;

mais il y a une autre révélation du christianisme
que tout homme, ayant respiré l'air chrétien,
ne peut renier, ni rejeter aussi facilement, c'est
une connaissance, à la fois plus simple et plus
vaste, de la nature de l'homme et de sa destinée
finale, qui, une fois acquise, est à chaque instant
maintenue et confirmée par le témoignage de
notre sens intime. Cette révélation a des clartés
qui nous montrent l'homme capable d'une haute
perfection intellectuelle et morale, et d'un bonheur correspondant à cette perfection. Mais
quand on ne veut pas croire à la révélation qui
nous apprend en même temps comment l'homme
fut réellement constitué dans cet état, comment
il en est déchu, par quels moyens il peut y remonter et le ressaisir dans un degré sublime,
est-ce merveille qu'on cherche d'autres voies, et
que les imaginations se créent des moyens fan-
tastiques de satisfaire à un désir aussi puissant
et aussi parfaitement raisonnable ?

L'erreur n'est pas dans le droit, mais dans le
fait ; la chimère est dans les voies et les routes,
non dans le but ; et, bien que défiguré, avili,
déplacé, le but n'est pas imaginaire : s'il n'exis-

tait pas, il ne serait donné à personne de l'inventer. Quant à ceux qui, ne voulant pas du dogme, rejettent en même temps la chimère, je veux dire toutes les imaginations diverses, filles de cette chimère, ils ne réussissent à se tenir dans une sorte de milieu neutre qu'à l'aide du plus triste des secours, le scepticisme spéculatif ou pratique, c'est-à-dire en laissant subsister le doute que l'homme soit ou non destiné à un état parfait et à une pleine félicité, ou en n'y pensant point. Puis, quand, à l'aide de raisonnements qui laissent en dehors la question véritable, ils croient pouvoir chasser du monde les imaginations et les chimères, ils oublient que l'erreur ne peut être vaincue que par la vérité qu'elle nie ou dénature.

La foi à une félicité parfaite dans une autre vie ne laisse pas place aux illusions d'un parfait bonheur dans la vie actuelle et elle est le seul moyen d'en éloigner tous les rêves de notre esprit. J'entends par félicité parfaite celle que donne la possession pleine et assurée d'un bien qui corresponde à nos facultés en leur étant infiniment supérieur. Ces facultés, nous en sentons partout la limite, et nous ne pouvons pourtant jamais la trouver et, quelque impuissantes qu'elles soient à embrasser la totalité des objets finis, elles les épuiseraient tous qu'elles ne diraient point *c'est assez* et qu'elles aspireraient à plus encore, de telle sorte que le fini est à la fois trop et pas assez pour elles. Oui je dis que cette félicité est vraiment parfaite, en ce qu'elle est produite par le fait de comprendre, de sentir et d'aimer le bien infini, avec toutes les forces de l'intelligence, du sentiment, de l'amour, c'est-à-dire par l'action droite, énergique, incessante et calme de cette triple puissance qui, seule sur la terre, nous ouvre l'accès à la maigre part de jouissance qu'il nous soit donné de goûter ici-bas en quoi que ce soit.

Le chrétien le moins instruit n'entend pas autrement la béatitude éternelle, quoiqu'il ne sache pas l'exprimer dans ces termes. Les théories d'un état relatif de moindre souffrance ne suffisent ni à étouffer, ni à satisfaire nos éternelles aspirations, fausses et désordonnées, qu'importe, vers un bien complet. Ceux qui, prenant çà et là parmi les enseignements indivisibles du christianisme ce qui est le plus de leur goût, se proposent la résignation sans espérance, ne doivent pas s'étonner de se trouver face à face avec des prédicateurs d'espérance sans résignation. Utopie insensée, s'écrient-ils ; comme si ce n'était pas aussi une utopie insensée que de placer le repos de l'humanité dans le doute. Il ne suffit pas de découvrir le tort de ses adversaires, il faut avoir raison soi-même. Avouer son insuffisance pour décider les questions premières n'est pas un bon moyen pour en finir avec celles qui en découlent. Dieu sait à quel temps la salutaire et définitive victoire est réservée, et par quelles épreuves nouvelles peut-être plus terribles nous devons passer avant de voir le triomphe de la vérité sur l'erreur, sur le faux, sur le néant. En attendant, il faut dire à tous avec Isaïe : *Declinabit ad dexteram et esuriet ; et comedet ad sinistram et non saturabitur ;* et aussi : *Inite concilium et dissipabitur ; loquimini verbum et non fiet.*

Mais voyez un peu comment les bienheureuses préoccupations du temps présent savent, sous forme de digression, s'implanter même

dans des entretiens dont elles ne sont pas l'objet. Revenons à ce terrible et déplorable disciple de Rousseau. Persuadé, comme je l'ai
dit, que l'unique obstacle à l'état parfait de la
société se trouvait dans certaines institutions
et que d'autres institutions le produiraient, il
employa à son œuvre la formidable puissance
que cette époque, sans analogie dans l'histoire,
avait placée entre ses mains. Mais il n'est pas
facile de faire accorder tout le monde, ou même
seulement un très-grand nombre, sur des institutions à détruire et sur des institutions à mettre à la place, surtout quand de ces nouvelles
institutions on attend des miracles. L'état de
perfection qu'on rêvait n'avait son obstacle, en
définitive, que dans des hommes. Ces hommes
étaient peu nombreux comparativement à l'humanité qu'il s'agissait de doter d'un bonheur
immense et facile ; ces hommes étaient des pervers, puisqu'ils s'opposaient au bonheur de tous.
En les faisant disparaître, la nature allait reprendre son bienfaisant empire, et la vertu et
la félicité régner sans contraste sur la terre.
C'est cette pensée qui a pu voiler l'horreur du

carnage à un homme, en qui rien n'indique les abominables penchants de tant de ses satellites et de ses rivaux. Qui peut douter que, dans le tumulte de cette course sanglante, le sentiment des haines devenues furibondes et des peurs croissant en proportion des haines, n'ait conconcouru à diminuer dans son esprit l'horreur du crime? Dans tous les temps on a vu trop souvent la passion et l'intérêt se mêler plus ou moins aux intentions les meilleures et les plus droites. Or, quels temps, quels temps que ceux dont je parle! Mais le premier et le principal mobile de la malheureuse et funeste activité de Robespierre ne peut être ailleurs que dans son aveugle foi au sophisme philosophique qui le dominait.

A son tour, où Rousseau lui-même, ce dédaigneux contempteur de la philosophie de son époque, cet ami de la nature qui prétendait lui emprunter directement ses préceptes, où Rousseau les puisa-t-il réellement? où puisa-t-il ce qu'ils eurent de si inattendu et de si extraordinaire? Prenons, par exemple, sa thèse, qu'il ne faut rien proposer aux enfants qu'ils ne puissent vérifier d'eux-mêmes; que jusqu'à dix ans il ne

faut pas leur parler de Dieu. Eh bien! comment
aurait-il pu avoir une telle pensée, si on n'avait
pas enseigné avant lui que toute connaissance,
et par conséquent toute vérité, naît de nos sen-
sations? Une fois le principe posé, le précepte
de Rousseau en découlait tout naturellement
comme moyen de mettre l'âge sans expérience
à l'abri de l'erreur et de lui ouvrir l'accès de la
vérité par le bon chemin. Ce n'était pas de l'o-
riginalité, c'était de la logique. Il est vrai que,
pour être tout à fait logique, il aurait fallu
étendre l'application du principe à tous les
âges, à tous les cas, à tous les échanges d'idées
entre les hommes, et dire qu'il n'y a rien de
vrai dans la parole que le son matériel, la seule
chose que la sensation puisse recevoir. Mais
l'erreur ne vit qu'à force de modération et de
prudence : elle ne vit qu'en sachant se dérober
aux embûches de la traîtresse logique, dont la
marche en avant ne manque jamais de conduire l'erreur à l'absurde, et qui, pour se ven-
ger de ceux qui ne la consultent pas sur un
principe, se fait jour de vive force à la poursuite
des conséquences et en fait sortir des montagnes.

Rousseau, esprit ardent, avait toutefois assez de jugement pour ne pas s'abandonner entièrement à la logique dans une affaire mise en route sans elle ; il se contenta d'aller jusqu'à un certain point.

Mon Dieu! voyez un peu encore : cette fois, c'est pour avoir voulu faire un pas de plus que j'ai de nouveau quitté mon chemin. Eh bien ! pardonnez-moi et laissez-moi prendre un autre exemple dans l'époque dont je ne voulais pas sortir. *La petite morale tue la grande*, dit Mirabeau non comme une sentence purement philosophique, mais comme une règle justificative applicable aux grands faits publics auxquels il eut lui-même tant de part. Qui ne voit la force pratique d'une telle maxime? Certes elle est de peu d'usage et fort inutile pour les coquins de profession. Mais les coquins ne vont jamais bien loin, sans le secours des consciences égarées. Or, pour égarer les consciences, rien de plus efficace qu'une maxime qui non-seulement dépouille le mal de sa qualité de mal, mais aussi le transforme en bien, une maxime qui fait de la transgression un acte de sagesse, de la violation du droit une œuvre méritoire.

Quand on y réfléchit, on ne comprend pas comment l'absurdité d'une proposition aussi répugnante au sens commun, aussi contradictoire dans ses termes, n'a pas sauté à tous les yeux. La morale est une loi, à ce titre essentiellement une et absolue, et on en fait deux parts l'une anéantissant l'autre ! On fait une petite morale qui cesse d'être obligatoire, à laquelle même il faut désobéir tout en lui gardant son nom, c'est-à-dire un nom indissolublement lié à l'idée d'obligation, et hors de là, sans signification aucune ! Et d'ailleurs, il faut bien lui laisser ce nom de morale à la morale ; il n'y a pas moyen de lui en donner un autre. Car même appliquée à des choses de médiocre importance, est-elle autre chose que la morale ? Et pourtant, à ces deux mots, *petite morale*, on fait signifier une chose qui tout ensemble est et n'est pas obligatoire. En vérité, à prendre les choses isolément, on n'imagine pas qu'une logomachie aussi insensée soit venue à l'esprit d'un homme, et ait été admise par une multitude d'autres. Mais ici encore, le fait s'explique par l'existence antérieure d'une théorie qui réduit la justice à l'utilité et place dans celle-ci le principe de la morale. En supprimant l'idée du devoir, à l'égard de ce qu'on doit faire comme à l'égard de ce dont on doit s'abstenir, laquelle idée de devoir n'est pas comprise dans l'idée d'utilité, et en maintenant comme seule raison et seule règle de conduite l'utilité, laquelle a des degrés divers, il n'y a rien de plus raisonnable que de sacrifier ce qui est moins utile à ce qui l'est davantage. Pour des esprits préparés par une telle doctrine, la maxime de Mirabeau ne pouvait avoir de singulier que sa tournure piquante, et elle tirait de sa forme antithétique une apparence de grande profondeur. S'il avait dit : il faut sacrifier un petit devoir à un grand avantage, on eût été choqué ; la contradiction eût été trop forte avec le langage ordinaire où, tantôt pour exprimer un précepte, tantôt pour louer, tantôt par pure gloriole, on subordonne toujours tout au devoir. L'autre doctrine échappait au contraste ; le devoir n'était sacrifié à rien, ne pouvait être opposé à rien, il n'existait plus. Il ne restait que la morale, c'est-à-dire un mot vide de sens, mais ayant l'air d'affirmer avec respect ce qu'il niait logiquement.

Cette théorie n'était pas nouvelle. Sans remonter plus loin qu'Horace, Horace a dit : *Atque ipsa utilitas, justi propè mater et œqui*[1]. Helvétius l'avait remise en vogue, comme vous le savez, sous une nouvelle forme et avec des arguments nouveaux dans un livre intitulé : *L'Esprit*, descendant naturel et immédiat d'un autre livre qui avait pour titre : *Essai sur l'entendement humain*. C'est là, ce me semble, une origine assez métaphysique.

LE SECOND.

Je n'ai rien à dire.

LE PREMIER.

Puisque vous n'avez rien à dire, permettez-moi de citer une autre anecdote du même temps, où vous verrez cette malheureuse théorie recevoir une application terrible de la part d'un homme qui, en fait d'honnêteté, jouissait d'une réputation toute différente de l'auteur de la petite morale. Cet homme était *Vergniaud*. Je trouve l'anecdote dans les *Mémoires* de l'un des

---

[1] L'utilité, qui est presque la mère de la justice et du droit.

Girondins proscrits, je ne me rappelle pas lequel. C'était pendant les derniers jours du jugement de Louis XVI. On n'avait pas encore
voté. Le girondin rencontre Vergniaud chez
Mme Roland. Vergniaud parle ; il suit l'élan de son
cœur ; il démontre qu'on n'a pas le droit d'ôter
la vie au monarque et se prononce contre la mort
avec une énergie et une éloquence extraordinaires,
même pour lui. Puis, il se rend à la Convention,
où le suit le même girondin, avide de l'entendre une seconde fois plus animé et plus éloquent
encore sur le théâtre même du terrible débat.
Vergniaud montait à la tribune. L'autre écoute
de toutes ses oreilles. Vergniaud ne dit qu'un
mot : *la mort*. Consterné, atterré non moins que
surpris, il attend en bas de la tribune ; et par l'expression de sa physionomie plus encore que par
des paroles il demande compte à l'orateur de
l'horrible démenti qu'il vient de se donner. Si
Vergniaud eût dit que le courage lui avait man-
qué, il n'eût été qu'un exemple de plus, malheureusement trop commun alors, d'une cou-
pable et honteuse faiblesse. Mais la réponse décèle
un mal terrible, très-prompt à se répandre et à

se communiquer, comme tout tout ce qui a son
siége dans l'esprit, et d'autant plus perfide qu'il
peut agir même en l'absence des passions, ce
qui lui donne une apparence de supériorité sur
elles. Vergniaud répondit à peu près dans ces
termes, dont je ne garantis pas la parfaite exac-
titude, mais dont je garantis le sens : « Le spec-
« tre de la guerre civile s'est levé devant moi et
« je n'ai pas cru qu'il me fût permis de mettre
« dans la balance la vie d'un homme et le salut
« d'un peuple. » Vous le voyez : il se range au
milieu de ceux qui, tout en reconnaissant qu'ils
agissent contre leur conscience, au lieu d'avouer
leur faute, offrent leur conduite en exemple, per-
suadés (ô misère de notre orgueil!) que leur raison calme, prévoyante et souveraine les élève au-
dessus de la justice et du droit. C'est la grande
morale tuant la petite. Ne cherchons pas si la
guerre civile a été évitée. Le tort n'est pas d'avoir
mal vu ; le tort est d'avoir substitué sa vue à une
loi éternelle. Mais j'oublie moi-même qu'il ne
s'agit pas de tort ou de raison et qu'il s'agit seulement de l'influence de la philosophie sur les
événements de ce monde, en tant qu'ils se

rattachent aux délibérations de l'esprit chez
l'homme. Je me borne à remarquer que Vergniaud, qui n'était assurément rien moins que
vulgaire et que méchant, après avoir parlé dans
un sens, vota dans un autre, et vota la mort
d'un homme! cela parce qu'il régnait alors une
théorie morale qui devait son avénement à une
théorie métaphysique.

LE SECOND.

Régnait..., avez-vous dit. Est-ce que par hasard cette théorie n'aurait plus cours? Est-ce que,
dans des temps plus rapprochés de nous, elle
n'aurait pas été enseignée plus scientifiquement
et particularisée, d'une manière plus symétrique,
dans des ouvrages presque aussi célèbres et assurément beaucoup plus lus maintenant que ceux
de Locke et d'Helvétius?

LE PREMIER.

D'accord! mais avec la permission de messire
Francesco (*Pétrarque*) ceci est encore plus vrai
en philosophie qu'en amour :

Piaga, per allentar d'arco, non sana.

Voilà pourquoi il ne suffit pas qu'une théorie

métaphysique soit abandonnée à cause de sa faussseté et mise au rang des vieilles friperies. Pour en faire disparaître les conséquences, il faut une véritable théorie, ou pour mieux dire la véritable théorie métaphysique, la théorie du fait, qui mette au jour et qui établisse d'autres conséquences, opposées aux premières, incompatibles avec elles. Quoi! mettre au jour, ai-je dit? S'agit-il donc de découvertes? Y a-t-il besoin de démontrer, d'enseigner que la justice est différente et indépendante de l'utilité? Lorsque Aristide dit aux Athéniens que la proposition de Thémistocle était utile, mais qu'elle n'était pas juste, tout le monde le comprit : tout autre peuple l'aurait, à toute autre époque, compris de même. Savez-vous pourquoi? Parce que l'intelligence saisit l'idée de justice et l'idée d'utilité, comme ayant chacune une essence à elle, une vérité à elle, et par conséquent comme des choses distinctes, ne pouvant pas se confondre.

Le peuple,

Che apprese a creder nel figliuol del fabro.

ou plutôt les peuples divers qui appartiennent au

christianisme savent (et ils le disent sans cesse, non pas textuellement mais implicitement) que ces deux vérités quoique distinctes, sont réunies en tant que vérités, dans une vérité commune et suprême. Ils savent, par conséquent, que l'une ne peut pas se trouver en contradiction avec l'autre. Ils regarderaient comme un insensé et un impie celui qui penserait que la justice peut être vraiment et finalement nuisible et l'injustice vraiment et finalement utile. Ils savent parfaitement que ces deux vérités distinctes sont liées entre elles, et que l'une dépend de l'autre, c'est-à-dire que l'utilité ne peut naître que de la justice. Mais ils savent aussi qu'une telle réunion finale s'accomplira seulement dans un ordre absolument universel, renfermant l'entière série et le faisceau des effets produits par toute action et tout événement, seulement dans un ordre qui embrasse le temps et l'éternité. J'affirme qu'ils le savent, parce que cet ordre a un nom qu'ils répètent et appliquent toujours à propos et à chaque instant : LA PROVIDENCE. Ils savent et ils ne peuvent point ne pas savoir que cet ordre dépasse d'une étendue immense nos connaissances et nos prévisions;

et ils sont à mille lieues de croire que ce soit un
tel inconnu, que ce soit l'ensemble complexe des
événements futurs, pour nous véritable chaos de
pures possibilités, qui puisse fournir la principale et suprême règle de la conduite des hommes.
Ils savent que cette règle principale et suprême
leur a été donnée dans la loi naturelle et dans la loi
divine qui en est le complément, par celui à qui
rien n'est inconnu, parce que tout vient de lui.
Aussi le chrétien le moins instruit voit-il, autant
qu'il en a besoin, à côté de l'ordre universel, ou
plutôt dans cet ordre même, un autre ordre particulier qui se rapporte à lui, et dont il est le
but subordonné. Cet ordre particulier est également mystérieux et obscur dans ses rapports et
dans ses modes. Cependant, quant à la part que
l'individu doit y prendre, il est clair, parce qu'il
est illuminé par cette règle dont Dieu donne le
discernement et la force à qui s'adresse à lui
avec un cœur sincère, par cette règle qui rend
juste et conséquemment heureux. Il sait que
dans le chemin semé d'épines et de détours qui
va de la justice au bonheur, *opus justi ad vitam*,
est souvent tourné vers le pôle contraire.

Là où cette règle cesse d'être directement applicable, c'est-à-dire dans les cas où elle est muette pour ordonner et pour défendre, le chrétien trouve pour se guider la règle secondaire et conjecturale des effets possibles, plus ou moins probables, plus ou moins désirables : règle incertaine et faillible, mais restreinte à des cas où l'erreur ne peut causer un dommage final ; où, pour avoir à supporter des traverses et des malheurs, on n'en continue pas moins sa route vers la félicité, pour peu qu'on soit conduit par la droiture de l'intention et par cette prudence qui, avec des degrés divers suivant les intelligences diverses, accompagne toujours une intention vraiment droite.

Telle est la sagesse jusqu'à laquelle l'homme a été élevé par la révélation ! Quelle différence entre le chrétien même le moins instruit et Brutus qui, au terme inévitable de son activité, s'écrie : « O vertu, tu n'es qu'un nom ! » Si l'une des conditions de la vertu est de prévoir les conséquences des actions humaines, elle n'est qu'un nom aussi vain que les folies cabalistiques. Elle n'est qu'un nom, la vertu qui

demande s'il est permis d'aborder un homme
sous l'apparence de l'amitié, un placet à la
main et un poignard sous la toge pour l'en frap-
per, et qui, sourde au NON éternel, absolu, re-
tentissant, qui part de la conscience, même
sans qu'on l'interroge, répond au contraire
qu'une telle action est permise et sainte, parce
qu'il n'y a pas de meilleur moyen de rétablir
de vrais consuls, de vrais tribuns, de vrais co-
mices, un vrai sénat. (Comme ils ont bien réta-
bli tout cela!) La vertu n'est qu'un nom si sa
vérité dépend de l'issue de la bataille de Phi-
lippes.

Quelle distance, je le répète, entre l'homme
qui, avec une maxime, détruit la vertu, l'idole
de toute sa vie (une vraie idole en vérité!), et le
plus simple chrétien qui, ne réussissant pas dans
une bonne œuvre, sait que le bien n'est pas perdu
et qu'il est seulement changé en un bien plus
précieux. C'est précisément parce que les peuples chrétiens savent que la justice est essentiellement utile qu'ils se gardent de la confondre
avec l'utilité même.

Il y a pourtant quelques hommes qui, même

après tant de siècles de christianisme, laissant
de côté les vérités d'intuition pour se conduire
d'après des hypothèses systématiques, et,
croyant voir ce qui n'est pas, ont pu, jusqu'à
un certain point, ne pas voir ce qui est et ce
qui luit dans leur propre intelligence comme
dans celle de tout le monde; jusqu'à un certain
point, car ils ne peuvent combattre la vérité
dans leur esprit sans qu'elle y reste, et on les
défierait d'effacer les mots de justice et de devoir, non-seulement du vocabulaire commun,
mais de leur propre vocabulaire. N'est-ce pas
une manifestation solennelle du pouvoir de la
philosophie dans les actions humaines, que de
mettre ainsi en contradiction avec le sentiment
général et avec le leur propre des hommes appartenant à la classe la plus instruite de l'humanité, à celle qui, par le commandement ou
la persuasion, finit par gouverner les autres?
et sur quoi en contradiction? Sur rien moins
que sur la règle prépondérante et suprême de
la conduite. Eh bien! une philosophie peut exer-
cer cet empire même après qu'on l'a déclarée
morte et qu'on l'a crue enterrée.

Mais, chose vraiment singulière ! écoutez un de ces hommes dont nous parlions tout à l'heure, qui regardent comme quelque chose de bizarre et comme l'affaire de gens vivant dans les nuages que de s'échauffer pour des questions philosophiques dans des temps aussi agités et aussi remplis que les nôtres : il vous dira encore : « Laissez toutes ces vieilleries « rhabillées à neuf. N'est-ce pas la philosophie « qui a été le moteur principal des événements « de l'époque présente? Les uns les louent et « les autres les blâment, mais il n'est personne « qui n'y reconnaisse sa main ; il faut renvoyer « dans les nuages tous ces grands raisonneurs.»

De telles contradictions s'expliquent par le double sens, également tronqué et indéterminé, qu'on donne au mot de philosophie. La philosophie est la science des dernières raisons, ainsi que l'a dit sous une forme précise, d'après la donnée d'un bon vieux philosophe, celui que bientôt nous appellerons notre meilleur ami. Cette définition complète et saisissante réunit et fond ensemble les acceptions spéciales du mot dans le langage ordinaire. En effet, attri-

buer à une conception quelconque une raison
plus ou moins éloignée, non encore observée,
mais qui semble applicable à d'autres conceptions dont on forme ainsi une classe, n'est-ce
pas là une opération de l'esprit qu'on appelle
philosophique? N'est-il pas évident qu'une raison quelconque n'a de valeur entière et certaine qu'à la condition d'être une fin et un
terme? Mais l'intelligence humaine, à cause des
limites qui la circonscrivent, ne peut voir ni
beaucoup de détails dans les choses, ni beaucoup de rapports entre une chose et une autre,
qu'à la condition d'examiner peu de choses à la
fois et de les ramener à des raisons dernières,
qui ne sont telles toutefois que par rapport à
une chose spéciale. Ces raisons sont bonnes si
elles se trouvent effectivement, quoique tacitement, en connexion et en harmonie avec des
raisons d'un ordre supérieur et réellement dernières : elles sont fausses et arbitraires si elles
sont en contradiction, sous le même point de
vue, avec les raisons supérieures et dernières.
Eh bien! c'est à celle-ci ou à celle-là, ou à mille
autres encore, également vagues et fortuites, de

ces raisons conditionnelles, secondaires et dépendantes, encore que vraies, que ces messieurs
donnent le nom de philosophie dans sa meilleure et plus honorable acception, et, lorsqu'ils
veulent la bien louer, ils l'appellent *philosophie
pratique; philosophie*, parce qu'elle assujettit
en réalité ou en apparence un certain nombre
de conceptions à une raison commune qui est
vraie ou arbitraire ; *pratique*, parce que ces
conceptions s'appliquent plus immédiatement
à des faits matériels. Et, en revanche, s'ils ne
voient pas d'application immédiate aux faits
matériels dans la recherche des raisons dernières, ils ne l'appellent philosophie que par
mépris ou pitié. Agir ainsi, est-ce faire autre
chose que se moquer du premier chaînon de la
chaîne d'une ancre, parce que l'ancre n'est pas
attachée directement à ce chaînon ?

Quel est l'usage, disent-ils, de votre métaphysique? A quoi sert-elle? à quoi? A chercher
les fondements des théories sur la foi desquelles
on agit; à examiner ce qu'elles proposent; à vérifier ce qu'elles donnent comme certain; à s'assurer, à l'aide de la philosophie, si elles sont

réellement philosophiques ; à mettre en lumière et à l'épreuve la métaphysique latente et sous-entendue dont elles sont des conséquences plus ou moins médiates, plus ou moins reconnues... J'aurais voulu finir et il en est bien temps ; mais que voulez-vous ? J'aperçois, ou pour mieux dire, j'ai sous la main un exemple de la convergence des questions les plus écartées vers les dernières raisons philosophiques, un exemple venant si à propos, que je ne puis le laisser de côté. Je le trouve dans notre débat même.

La question de l'invention en fait d'art nous a conduits à parler de justice. Certes, ce sont des sujets qui n'ont ni ne paraissent avoir une bien grande analogie, et cependant, en définitive, c'est toujours la même question.

LE SECOND.

Où voulez-vous en venir ? N'ai-je pas déjà mis bas les armes ? Allons, avouez franchement que vous avez arrangé et ménagé cela, *ut illuc redeat, undè discessit, oratio.*

LE PREMIER.

Non, assurément, et je serais très-fâché que

vous prissiez pour un jeu préparé d'avance ce
qui n'est que la rencontre naturelle et spontanée
de la vérité avec la vérité. Nous cherchions si
un objet quelconque imaginé par un artiste est
un produit de son intelligence, une création de
son esprit, ou si cet objet a une existence propre,
antérieure à cette opération et indépendante
d'elle. Et nous avons reconnu que tout objet
quelconque a son être propre, éternel, inalté-
rable, nécessaire, qui ne dérive d'aucun rapport
avec l'invention artistique et qu'il doit à sa qualité d'objet immatériel, à sa qualité d'idée. L'autre question, qui n'est pas au moins une question personnelle entre vous et moi, a pour but
de nous faire connaître si l'idée de la justice est
un produit de l'esprit, du raisonnement et par
conséquent si elle peut, oui ou non, se transformer, se défaire, s'anéantir par le raisonnement même.

La différence des deux questions consiste dans
la qualité des objets, dont l'un est une apparence
vraisemblable, l'autre une loi morale. L'identité
consiste en ce que l'un et l'autre sont des objets
de l'intelligence, des entités saisissables par l'es-

prit, des idées, et c'est ainsi que ces deux questions si éloignées l'une de l'autre pour tout le
reste, se rapprochent et se confondent comme se
rapportant également à la raison universelle de
la valeur des idées, et c'est cette raison universelle qui fait qu'une question quelconque peut
avoir un objet vrai et être par conséquent susceptible d'une vraie solution. Car comment ar-
riverait-on à la découverte des vérités, si ces
vérités n'existaient point! C'est la première et
perpétuelle question de la philosophie à toutes
les philosophies, ou, pour parler plus exacte-
ment, à tous ces systèmes qui, opposés en apparence, sont au fond d'accord dans leurs diver-
sités, pour la recherche de l'impossible, en
voulant faire naître l'idée, de l'esprit qui la
contemple; ce qui équivaut à faire naître la lumière, de l'œil, ou le moyen d'une opération,
de l'opération même; aussi les adeptes et les
auteurs de tous ces systèmes, pour peu qu'ils
fassent un pas en avant pour les appliquer, finis-
sent-ils par faire de la vérité une chose contin-
gente et relative, et lui refusent-ils hautement
les attributs essentiels d'universalité, d'éternité,

de nécessité, qui, au fait, ne peuvent pas convenir à une chose produite.

Je me rappelle, sur cette immense et incom-
parable question, les paroles mêmes qui se trouvent dans le volume auquel je vous ai renvoyé.
Je pense que je ferai mieux de vous les lire que
de les délayer dans les miennes. L'auteur, en
s'excusant d'avoir si longtemps parlé déjà sur ce
sujet et en demandant en même temps la permission de continuer (toujours les mêmes céré-
monies avec cet homme impatient, désagréable
et difficile qui s'appelle le lecteur) l'auteur donc
poursuit ainsi :

« Si devant les tribunaux, à l'occasion d'une
« petite propriété matérielle, de peu de prix
« comparativement à la science, on présente
« souvent à ses juges des écrits plus longs que
« ce traité; pourrait-on refuser de lire ce que
« j'ai cru nécessaire d'écrire pour défendre la
« cause des richesses intellectuelles et morales
« du genre humain? Ces richesses dépendent
« toutes d'une seule question. Existerait-il, oui
« ou non, une vérité éternelle, indépendante
« dans son essence de l'univers matériel, indé-

« pendante aussi de l'homme et de toute autre
« nature limitée, quelque excellente qu'elle soit?

« Tout se réduit à prouver que la vérité n'est
« pas un mode appartenant à un être limité. S'il
« en était ainsi, elle perdrait son prix. Tout se
« réduit à prouver haut et ferme qu'il y a des
« *êtres intelligibles* auxquels notre esprit est
« réuni indivisiblement et par lesquels seule-
« ment il connaît et peut connaître ce qu'il
« connaît.

« On n'en dira jamais trop pour établir une
« vérité aussi élevée, source et principe de
« toutes les autres... »

Les richesses intellectuelles et morales,
l'homme peut les dépenser à propos sans connaître ni rechercher la mine inépuisable d'où
elles sortent. Oui, il peut appliquer avec justesse les dernières raisons, par cela seul qu'il
les sous-entend fermement; seulement, dans
ce cas, les applications en sont plus circon-
scrites, et ces richesses ne peuvent pas s'augmenter beaucoup. Mais une fois sur le terrain
des doctrines qui, méconnaissant l'origine de
ces richesses, mettent leur valeur en doute,

l'usage qu'il en fait éprouve nécessairement une perturbation et un bouleversement proportionnels au crédit que de telles doctrines ont pu acquérir, et là où les vérités qui poussaient spontanément ont été arrachées par l'erreur, il faut la science pour les faire revivre.

LE SECOND.

Décidément il faut étudier cette philosophie.

LE PREMIER.

Dispensez-vous-en, si vous le pouvez, maintenant que votre curiosité est excitée.

Une dernière question, celle que je ne vous ai pas laissé le temps d'exprimer : toutes ces idées... aviez-vous dit de votre grosse voix lorsque je poursuivis mon thème, eh bien! toutes ces idées, tous ces êtres éternels, nécessaires, immuables, c'est-à-dire doués des attributs qui ne peuvent convenir qu'à un seul être, sont certainement choses dont l'intelligence doive s'inquiéter ; et peut-on leur refuser ces attributs? peut-on nier davantage cet autre fait si incontestable, si étonnant qu'une multitude de ces idées soient renfermées dans une seule

qui demeure simple, et qu'on peut encore faire
entrer, avec cette idée simple, dans une autre
idée plus étendue et plus complexe, de même
qu'on peut d'une seule de celles-là en faire jaill-
lir une foule d'autres, multipliant et diminuant
pour ainsi dire à volonté ces êtres singuliers
dont on ne saurait cependant ni détruire ni
créer un seul?

Maintenant, lorsqu'on ne peut pas reculer et
qu'on souffre trop à rester en place, on n'a
d'autre ressource que de marcher en avant. Ce
n'est pas d'ailleurs un mauvais lot. C'est en
marchant en avant qu'on passe de la multiplicité à l'unité, dans laquelle seule l'intelligence
peut trouver son repos définitif; et c'est en reprenant un point de départ dans l'unité, car il
ne s'agit pas pour elle d'un repos oisif, que
l'intelligence arrivera, autant qu'on le peut du-
rant cette vie mortelle, à reconnaître l'ordre au
sein de la multiplicité réelle des choses contin-
gentes et créées.

Au surplus, nous n'avons pas à faire un choix
quelconque entre les philosophies; nous avons
à en choisir une plutôt qu'une autre, plutôt

que toutes les autres; et depuis que cette philosophie bénie a fait son apparition dans le monde, il n'est pas possible aux esprits qu'on appelle cultivés d'y rester étrangers.

La philosophie entre chez les gens sans leur en demander la permission; vous l'avez vu, non-seulement on accepte, sur parole, de telle ou telle philosophie telles ou telles déductions dont on se fait des règles de conduite; on accepte même, mais d'une manière abstraite, des philosophies tout entières; car, quelque dédain qu'on affiche pour ces raisons dernières, qui ne sont bonnes à rien, on ne peut faire que leurs objets ne se présentent point à l'esprit, au moins comme curiosité. Le désir de connaître est si général qu'il n'y a pas un homme, même parmi les plus attachés au positif et les plus ennemis des questions oiseuses, à qui il ne prenne des velléités de savoir quelle est l'origine et la base des connaissances humaines. A cet égard, la légion des philosophes fait pirouetter tant de solutions dans l'air, qu'il suffit d'étendre la main pour en attraper une selon son humeur. Vous avez sans doute entendu ces

paroles : « Aille qui voudra se perdre dans les
espaces imaginaires de la philosophie ! pour
moi, il n'y a de certain que ce que je vois et ce
que je touche. » N'est-ce pas là une philosophie
qui a même, ce me semble, un nom honoré?
Un autre dira à son tour : « Pauvre philosophie,
qui se condamne à chercher ce qu'on ne trouve
jamais! Le doute est la seule science de l'humanité. » Est-ce que ce n'est pas encore là une
philosophie bien connue? Un troisième arrive :
« L'homme, dit-il, croit certaines choses iné-
vitablement, irrésistiblement; que sert d'en
chercher la cause? Le bon sens m'apprend que
je dois borner mon expérience et ma raison aux
choses pratiques, qui se décident par un oui ou
un non. » Ce langage ne contient-il pas une application d'une philosophie, même de deux? Un
quatrième prétend que c'est folie de chercher
une raison aux choses, quand il est évident
qu'une aveugle fatalité les gouverne. Cela même
n'est-il pas toujours de la philosophie, si on
veut lui donner un nom, quoique ce ne soit
véritablement qu'un lambeau usé de religions
absurdes qui ne sont plus, et dont on ne refera

jamais une religion? Il y en a d'autres enfin qui se servent des arrêts de la philosophie pour la mettre au ban, assurant qu'ils sont maîtres d'eux-mêmes parce qu'ils font profession de n'appartenir nominativement à aucune école. Eh bien! vous dirai-je ce que sont ces gens-là?

LE SECOND.

Dites, nous sommes seuls.

LE PREMIER.

Ce sont des valets sans livrée, hélas! je l'ai été moi-même; j'ai connu cette misère et je désire vous l'épargner.

LE SECOND.

Vous m'avez promis d'étudier avec moi : c'est une condition *sine quâ non*. Je consens à cette étude, un peu de bonne volonté, un peu par force, et j'ai besoin d'aide.

LE PREMIER.

C'est vous qui bientôt me pousserez, soyez en sûr.

Et vous, continua-t-il en s'adressant à moi, votre silence obstiné ne nous ôte pas l'espoir de vous avoir pour compagnon, et vous serez le plus ardent peut-être.

Moi, avec mes cheveux blancs! répondis-je. *Oportet studuisse.* Cependant, mieux vaut tard que jamais. Si je me suis tu, vous devez m'en savoir gré. C'était afin de mieux entendre, et, pour preuve de mon attention, dites-moi, je vous prie, à quelle page se trouve le passage que vous avez lu; il m'a frappé.

Le voici, répondit mon ami, en me montrant le volume ouvert sur la table, page 500.

Je me retirai alors sous prétexte d'une affaire pressante. J'avais hâte de mettre par écrit ce que j'avais entendu, et ce n'était pas peu pour ma mémoire que de tout retenir. Vous aurez deviné, cher lecteur, que je ne m'informai de la page qu'afin de transcrire fidèlement le passage et de ne pas m'exposer à une citation inexacte.

APPENDICE

Nous avons sous les yeux une lettre de Rosmini dont nous donnons ici la traduction. Rosmini, dans cette dictée rapide, indique la nature et la génération des systèmes philosophiques de Kant, de Fichte, de Schelling et de Hegel. Il est impossible d'analyser avec plus de précision et de mettre mieux en lumière des abstractions très-difficiles à saisir.

Stresa, 12 août 1845.

« Hegel est l'arrière-petit-fils de Kant, patriarche de la philosophie moderne allemande. Le philosophe de Kœnigsberg ayant médité sur ce principe, connu avant lui, que l'esprit humain pense d'une façon conforme à ses propres lois, en déduit la philosophie qu'il a appelée *critique,* parce qu'elle se propose de juger la raison humaine elle-même, et ce jugement aboutit à déclarer l'impuissance de la raison, pour connaître si les objets de la pensée sont tels en eux-mêmes qu'ils paraissent dans la pensée. Il soutient que si l'esprit humain les conçoit, selon ses propres lois subjectives, il ne peut, par conséquent, ni prononcer qu'elles sont telles qu'elles lui apparaissent, ni le nier.

De ce même principe que l'esprit opère selon ses propres lois, Fichte, son disciple, conclut au contraire que tout ce que l'esprit connaît doit être une production de l'esprit même; et, partant de ce point, il nie absolument que les objets conçus soient en eux-mêmes tels qu'ils apparaissent. Il donnait ce système comme l'interprétation naturelle de la doctrine de Kant. son maître. Mais le maître désavoua l'interprétation. En effet, autre chose est de dire que les conclusions de l'esprit étant dépendantes des lois de l'esprit, ne peuvent conduire à aucune certitude sur l'*être* que les objets peuvent avoir en eux-mêmes, et autre chose est d'affirmer tout droit qu'en eux-mêmes ils n'ont pas l'*être*, mais qu'ils sont de pures productions et modifications subjectives. — Ainsi le système de Fichte diffère de celui de Kant. C'est un fils qui forligne de son père.

Mais Schelling vint, qui, élevé à l'école de Fichte, pensa que si l'objet est la production du sujet, il doit s'identifier avec ce même sujet, puisqu'il n'y a pas une chose qui en engendre une autre de différente nature. Ensuite, il est clair que le sujet ne peut être sans l'objet, ni l'objet sans le sujet, et de l'objet et du sujet Schelling fit en conséquence une seule chose. De plus, il lui parut impossible d'imaginer un sujet qui ne fût pas en même temps objet, ni un objet qui ne fût pas en même temps sujet. C'est pourquoi il donna à son système le titre de « théorie de l'identité absolue. » Ainsi ce philosophe allemand, petit-fils de Kant pour ainsi dire, se trouvait ramené à la thèse par laquelle Parménide fit débuter en Italie la philosophie éléatique.

Mais le mouvement philosophique parti de Kant en Allemagne ne s'arrêta pas là. Tout ce qui peut être objet de l'esprit ayant été réduit à l'unité et à l'identité, il fut facile à Hegel de conclure que cet *unique* et *identique* auquel tout se réduit ne peut être autre chose que l'idée. Et l'argument d'Hegel, considéré dans son fond et traduit en peu de mots, revient à ceci : l'homme ne peut penser ni parler d'aucune chose qui ne soit objet de la pensée. Mais l'objet de la pensée est l'idée. Donc, toutes les choses se réduisent à l'idée. — Mais puisque les choses sont variées, opposées et même contraires entre elles, l'idée prend également diverses formes même opposées et contraires, et va se transformant en toutes choses par des lois qui lui sont intrinsèques. L'idée *devient* sujet et objet, réalité et identité, être et néant, relatif et absolu, temps et éternité ; et c'est tout juste dans ce *devenir*, milieu entre le néant et l'être, que consiste sa propre essence. Elle a donc deux mouvements, par l'un desquels elle s'approche continuellement du néant, et par l'autre, du fini et de l'absolu. Le développement de la puissance intrinsèque de cette *idée* forme la matière de toute la doctrine hegellienne.

Aujourd'hui la philosophie allemande dort son somme dans ce troisième descendant de Kant. ROSMINI.

CATALOGUE
DES OUVRAGES PUBLIÉS ET INÉDITS
DE A. ROSMINI
(Rosmini n'a écrit qu'en italien.)

OUVRAGES PUBLIÉS

PREMIÈRE PARTIE.
Ouvrages compris dans la collection que publie le libraire Pogliani, à Milan.

1er volume. — INTRODUCTION A LA PHILOSOPHIE. — Des études de l'auteur. — Caractère de la philosophie. — Système philosophique. — Essence de nos connaissances. — Direction à donner aux études philosophiques. — Classification des systèmes philosophiques. — Langue philosophique. — Objections faites à la philosophie de l'auteur. — Eclectisme français. — Casal, 1850.

PREMIÈRE CLASSE.
Idéologie et logique.

2e, 3e et 4e volumes. — NOUVEL ESSAI SUR L'ORIGINE DES IDÉES, 5e édition. — Turin, 1855.

1er volume. — Préface. — Principes de la méthode. — État de la question. — Observations sur les systèmes avant celui de l'auteur.

2ᵉ volume. — Théorie de l'auteur.

3ᵉ volume. — Corollaires de la théorie sur le critérium de la certitude, sur la force du raisonnement *à priori* et sur la division des sciences.
— LOGIQUE, trois livres. — Liv. Iᵉʳ. De l'as-
sentiment. — Liv. II. Du raisonnement. —
Liv. III. Du critérium. — Turin, 1854.

5ᵉ volume. — RENAISSANCE DE LA PHILOSOPHIE EN ITALIE,
traité de C. Terensio Mamiami examiné par A. Rosmini. — Milan, 1840.

> Ce volume a été revu par l'auteur en 1854 en vue d'une
> réimpression, avec quelques morceaux détachés sur
> le même sujet.

DEUXIÈME CLASSE.
Sciences métaphysiques.

6ᵉ et 7ᵉ volumes. — PSYCHOLOGIE, deux volumes divisés
en dix livres qui traitent : Liv. Iᵉʳ. Essence de l'âme
humaine. — Liv. II. Propriétés de l'essence de l'âme
humaine. — Liv. III. Union de l'âme et du corps
et leur réciproque influence. — Liv. IV. Simplicité
de l'âme humaine. — Questions auxquelles elle
donne occasion. — Liv. V. Immortalité de l'âme
humaine. — Mort de l'homme. — Liv. VI et VII.
Activité de l'âme humaine. — Liv. VIII et IX. Lois
qui régissent l'activité de l'âme. — Liv. X. Lois
de l'animalité. — Novare, 1846-1850.

8ᵉ et 9ᵉ volumes. — THÉOSOPHIE.

10ᵉ volume. — THÉODICÉE, trois livres qui traitent de
la Providence divine, avec un Appendice sur la
condition des enfants morts sans baptême.

TROISIÈME CLASSE.

Philosophie de la morale et du droit.

11ᵉ volume. — Préface des ouvrages de philosophie morale. — Principes de la science morale. — Histoire comparée des systèmes sur le principe de la morale.

12ᵉ volume. — L'ANTHROPOLOGIE DANS SES RAPPORTS AVEC LA SCIENCE MORALE, quatre livres, 2ᵉ édition. — Novare, 1847.

13ᵉ volume. — TRAITÉ DE LA CONSCIENCE MORALE, 2ᵉ édition. — Milan 1844.

14ᵉ volume. — OPUSCULES SUR LA MORALE. — Doctrine du péché originel. — Notions du péché et de la faute mises en lumière. — Définition de la loi morale et théorie de l'être idéal. — Milan, 1841.

15ᵉ et 16ᵉ volumes. — PHILOSOPHIE DU DROIT. — Le premier volume, divisé en quatre livres, traite : Du système moral. — De la nature du droit et de sa relation avec le devoir. — Du principe de la dérivation des droits. — Du droit dérivé. — DROIT INDIVIDUEL. — Droits naturels et droits acquis. — Transmission des droits. — Modifications qui en dérivent. — Altérations des droits des autres. — Obligations et modifications des droits réciproques qui en découlent. — Le deuxième volume traite du droit social universel. — DROIT SOCIAL ET SPÉCIAL. — Droit seigneurial, gouvernemental et communal de la société théocratique parfaite. — Droit de la société domestique, — de la société conjugale, — de la société parentale. — DROIT DE LA SOCIÉTÉ CI-

VILE. — Théorie de la société civile. — Essence de la société civile. — Origine de la société civile constituée. — Éléments d'injustice qui peuvent tomber dans la société civile considérée comme telle. — Organes de la société civile et fonctions sociales qui les déterminent. — Appendice à la philosophie du droit. — Construction meilleure de la société civile.

QUATRIÈME CLASSE.
Pédagogie et méthodologie.
17e, 18e et 19e volumes . . . .

CINQUIÈME CLASSE.
Philosophie de la politique.
20e volume. — Observations préliminaires sur les ouvrages politiques. — Raison sommaire du maintien ou de la ruine de la société humaine. — La société et sa fin. — Milan, 1839.
21e et 22e volumes . . . .

SIXIÈME CLASSE.
Philosophie des choses surnaturelles.
23e, 24e, 25e et 26e volumes . . . .

SEPTIÈME CLASSE.
Prose ecclésiastique.
27e volume. — PRÉDICATION, qui comprend : Discours de paroisse, 2e édition. — Autres discours sur différents sujets, la plupart inédits. — Milan, 1843.

28° volume. — CATÉCHÉTIQUE. — Moyen de catéchi-
ser les idiots, traduit de saint Aurélius Augustin,
avec le texte en regard. — Lettres sur l'enseignement chrétien. — Règle de la doctrine chrétienne.
— Catéchisme disposé selon l'ordre des idées. —
Catéchismes faits par l'auteur à Saint-Mars de Roveredo. — Milan, 1838.

29° volume. — ASCÉTIQUE. Manuel du prêtre pour
les exercices spirituels. — Lectures spirituelles. —
Histoire de l'amour tirée de l'Écriture sainte. —
Milan, 1840.

30° volume. — APOLOGÉTIQUE. — Essai sur l'espérance.—Réponse à quelques erreurs d'Ugo Foscolo.
— Brève exposition de la philosophie de Melchior
Gioia. — Examen de ses opinions en faveur de la
mode. — Essai sur la doctrine religieuse de J.-B.
Romagnosi. — Fragments d'une histoire de l'im-
piété. — Quatre lettres. — Milan, 1839.

DEUXIÈME PARTIE.
**Ouvrages qui ont paru et qui ne sont pas compris
dans la collection qui précède.**

1° Lettre à Sébastien d'Apollonie. — Padoue, 1818.

2° Lettre à Pierre Alexandre Paravia sur la langue
italienne. — Padoue, 1819.
(Extrait du *Journal de la littérature italienne*.)

3° Lettre à Nicola Tommaseo. — Roveredo, 1820.

4° De l'éducation chrétienne, trois livres. — Venise,
1823.
Cet opuscule a été revu par l'auteur pour une nouvelle édition.

5° Essai sur l'unité de l'éducation. — Florence, 1826.

6° Le Galatée[1] des lettrés, 3e édit. — Ancône, 1830.

7° Opuscules philosophiques. — Milan, 1827 et 1828. — Ces opuscules, non compris dans la collection, sont : Essai sur l'idylle et sur la nouvelle littérature italienne. — Essai d'économie politique touchant la définition de la richesse. — Morceaux choisis de prose de A. Rosmini, Lugano. Le dialogue intitulé : la *Carte d'excuse*, est le seul qui ne soit pas compris dans la collection. — Causes des faciles égarements de la jeunesse à sa sortie du collège et du moyen de la ramener. Lettre à D. Paolo Orsi. — Turin, 1846, 2e édit. (Extrait de l'*Instituteur primaire*, journal de Turin.)

8° Notions du péché et des fautes mises en lumière. — Milan, 1843.

> (Cet opuscule était à peine imprimé que l'auteur lui-même en retira presque tous les exemplaires.)

9° De la statistique. — Questions. — Milan, 1844. — Traités des étrennes : *Ne m'oubliez pas*.

10° Vincent Gioberti et le Panthéisme. — Essai de lectures philosophiques et autres opuscules. — Lucques, 3e édition.

---

[1] Ce titre serait obscur pour plus d'un lecteur si nous n'en donnions pas l'explication. Galatée est un nom d'homme. Un écrivain du seizième siècle, célèbre en Italie, Monsignor Della Casa, en a fait le titre d'un petit traité de la *civilité*. De là l'usage est venu d'appeler *Galatée* les règles mêmes de la civilité. *Non conoscere il Galateo*, ne pas *connaître Galatée*, c'est en italien ne pas savoir vivre, ignorer les lois de la politesse.

11º Dissertation sur les avantages du mariage chrétien. — Rome, 1848, 2ᵉ édition.

12º Constitution selon la justice sociale. — Milan, 1848.

13º Des cinq plaies de la sainte Église. — Lugano, 1848.

14º Le Communisme et le Socialisme. — Naples, 1849.

15º Opuscules spirituels. — Naples, 1849, 2 vol.

16º Lettre sur l'élection des évêques par le clergé et le peuple. — Naples, 1849.

17º Sur ce principe : *Loi équivoque n'oblige point.* — Casal, 1850.

18º Articles sur la loi Siccardi dans l'*Armonia* de Turin, 1850.

19º Des lois civiles concernant le mariage des chrétiens. — Turin, 1851, 3ᵉ édition.

20º Nouveaux écrits sur le mariage. — Casal, 1852 et 1853.

> Ces morceaux et les précédents avaient été revus et considérablement augmentés pour une nouvelle édition.

21º La charité. — Discours. — Casal, 1852.

22º Questions politico-religieuses du jour sommairement résolues, suite d'articles publiés en 1853 dans l'*Armonia* sous ces titres :

Indépendance de l'État à l'égard de l'Église;
Séparation de l'État et de l'Église;
Autonomie de l'État;
Harmonie entre l'État et l'Église;
La loi athée;
Le mariage civil;
La liberté de la conscience;
L'uniformité des lois.

Un neuvième article sur la *licence* ne fut pas inséré dans l'*Armonia* et la publication resta interrompue.

23° Sur la liberté de l'enseignement, publié dans quatorze numéros de l'*Armonia* de 1854; la publication de ces articles fut également interrompue.

24° Exposé et examen de quelques ouvrages d'Aristote.

— Préface de l'ouvrage, insérée dans la *Revue contemporaine* de Turin. (Livraisons de novembre 1854 et de janvier 1855.)

NOTA. — On passe sous silence des lettres et des articles fort courts, insérés occasionnellement dans divers ouvrages et feuilles périodiques.

OUVRAGES INÉDITS

TROISIÈME PARTIE

Ouvrages qui devaient compléter la collection de Pogliani.

DANS LA DEUXIÈME CLASSE

1° THÉOSOPHIE. — Elle devait se composer de trois parties principales : l'*Ontologie*, la *Cosmologie* et la *Théologie naturelle*.

Des deux premières parties, il n'existe que quelques fragments, ou plutôt des esquisses, et une foule de notes, d'extraits et jugements de l'auteur sur ces extraits, le tout sur cartes séparées. On a pourtant dans son entier la *préface*, servant d'introduction à tout l'ouvrage.

De l'*Ontologie*, on a :

2° *Problème de l'ontologie*. — Un volume servant d'introduction à l'ontologie, qui devait être divisée en plusieurs parties. A la première partie appartiennent les livres suivants :

3° Liv. Iᵉʳ. — *Les formes suprêmes de l'être et les catégories*, divisées en dix-neuf chapitres.

4° Liv. II. — *L'être un*. — Ce livre a été terminé le 26 mars 1854. Il se divise en trois sections, savoir : Langage ontologique. — Système de l'unité et de l'identité dialectique. — Relation de l'être un avec ses termes en général. — Ce que l'être subjectif communique aux réalités finies. — Ce que l'être objectif communique aux réalités finies.

5° Liv. III. — *L'être trin.* — L'auteur commença cet ouvrage le 27 mars 1854 et il y mettait la dernière main en janvier 1855. L'ouvrage se partage en six sections, savoir : Conjonction des trois formes catégoriques dans l'*être*. — Conjonction des trois formes catégoriques dans l'objet. — Conjonction des trois formes de l'*être* dans la morale. — Leurs relations et leur origine fondamentale. — Ordre ontologique des conceptions abstraites. — Les causes.

> NOTA. — Il semble qu'à la fin il manque quelque chose à cette dernière et sixième section, qui sur le manuscrit porte le n° 7, mais le n° 6 manque. L'auteur voulait évidemment remanier ses divisions et la classification de l'ouvrage. La mort ne lui en a pas laissé le temps.

A la seconde partie de l'*Ontologie*, qui a pour titre : *Ontologie catégorique*, appartiennent :

6° Liv. IV. — *L'idée*, divisée en trois parties : 1° L'être manifeste par lui-même ; 2° l'être manifeste dans son union avec l'esprit humain ; 3° l'être manifesté.

> NOTA. — Ce livre était terminé le 21 novembre 1846 ; en le revoyant l'année suivante, il en changea la division, mais il ne revit entièrement que la première partie et les sept premiers chapitres de la seconde.

7° Liv. V. — *La dialectique.* — Livre complet, commencé le 5 décembre 1846 et terminé le 26 juin 1847.

8° Liv. VI. — *Le réel.* — C'est un gros volume de neuf cents pages environ, avec quelques lacunes à la fin. Non revu.

DANS LA QUATRIÈME CLASSE.
Pédagogique et Méthodologique.

Un ouvrage sous le titre :

9° *Principe suprême de la méthodique et quelques-unes de ses applications dans leurs rapports avec l'éducation de l'homme.* — Cet ouvrage se divise en deux livres. Le premier traite du *principe suprême de la méthodique* et fut commencé en 1839 ; le second traite de l'*application du principe suprême de la méthodique à l'enfance.* Le premier est court et se compose de plusieurs chapitres. Le second comprend six sections : 1° De la nécessité de classer les *intellections* de l'esprit selon leur ordre ; 2° des *intellections* du premier ordre et de l'éducation correspondante ; 3° *id.* pour le deuxième ordre ; 4° *id.* pour le troisième ; 5° *id.* pour le quatrième ; 6° *id.* pour le cinquième[1].

DANS LA CINQUIÈME CLASSE.
Philosophie de la politique.

Il devait y avoir trois volumes ; le premier a été publié, le second avait pour titre :

10° *De la constitution naturelle de la société civile.*— Cet ouvrage était écrit dès 1827 ; mais plus tard il en tira plusieurs brochures détachées, entre autres,

[1] Cet ouvrage a paru en 1857, il porte en faux titre : *Ouvrages publiés et inédits d'Antoine Rosmini, prêtre, vol.* XVIII, un vol. in-8° de 365 pages. Se trouve chez Pogliani, imprimeur de l'archevêché, à Milan.

une ayant pour titre : *Les Tribunaux*, divisée en sept chapitres, avec une introduction commencée le 11 mars 1848.

11° Le troisième volume devait réunir divers morceaux : les uns déjà publiés, les autres inédits. Parmi ceux-ci se trouvait un *Essai sur les divertissements publics*, de quarante pages.

DANS LA SIXIÈME CLASSE

Philosophie des choses surnaturelles.

A cette classe appartenaient :

1° L'*anthropologie surnaturelle*, dont l'auteur n'a écrit que quelques livres, sous le titre d'*Anthropologie morale*.

2° La *Théologique*, qui devait se diviser en six livres dans l'ordre suivant :

12° Liv. Ier. — *Les confins de la doctrine philosophique et de la théologie*, commencé le 4 mai 1837. Sept chapitres.

13° Liv. II. — *L'homme parfaitement constitué*, commencé le 19 octobre 1852. Quatre chapitres.

14° Liv. III. — *L'homme pécheur par nature*, commencé le 1er avril 1853. — A la fin, on lit l'approbation de l'archevêque de Milan, qui prouve que ces trois livres étaient tout prêts pour l'impression.

15° Liv. IV. — *L'homme sanctifié.* — Ce livre se divise en deux parties : La première parle des *sacrements en genre ;* la seconde, des *sacrements de la loi de grâce en espèce.* Celle-ci n'est pas complète. Elle traite des deux premiers sacrements, le troisième est com-

mencé; on voit, par une note, que le livre V avait
pour titre : *L'homme rédempteur*, et le livre VI, *la
mère du Rédempteur*. A ce dernier livre appartenait
le discours suivant.

16° *Des témoignages tirés du Coran touchant la Vierge
Marie*. — On a le manuscrit de cet ouvrage.

QUATRIÈME PARTIE

Autres ouvrages manuscrits non compris dans la collection.

17° *Essai historique et critique sur les catégories*. —
Un petit volume complet.

18° *Exposé et examen de quelques ouvrages d'Aristote*.
— Deux petits volumes dont la préface a paru. L'ouvrage fut fini le 30 septembre 1853. L'auteur l'a
divisé en cinq livres :

> Liv. Ier. — Où commence la division d'Aristote
> et de l'école de Platon.

> Liv. II. — Division d'Aristote et de Platon, consi-
> dérée dans la sphère de la théologie et de la
> cosmologie.

> Liv. III. — Examen du système métaphysique
> d'Aristote et de Platon.

> Liv. IV. — Suite.

> Liv. V. — Résumé du système aristotélique.

19° *Abrégé d'éthique*. — Un petit volume de deux
cents pages environ, qui commencent par une *courte
histoire de l'éthique*, et qui se divise en trois sections : Éthique générale ; — Éthique spéciale ; —
Éthique endémonologique.

20° *Réponse à Augustin Theiner au sujet de son écrit intitulé : Lettres historico-critiques, etc.* — Elle est en deux parties : Examen de la doctrine du Père Theiner ; — Examen de l'autorité.

21° *Introduction à l'Évangile selon saint Jean.* — Trois livres. Ils ne sont pas complets. L'auteur commença cet ouvrage le 18 octobre 1839 et y travailla par intervalles jusqu'à la fin de 1849. Il y a quatre-vingt-douze lectures qui comprennent l'explication des premiers versets du chapitre 1er de l'Évangile de saint Jean. Le manuscrit est de cinq cents pages environ.

22° *Du divin dans la nature, à Alexandre Manzoni.* — Opuscule complet et en partie revu. Il se divise en trois sections : le divin dans la nature ; — Sa notion. Le nom de Dieu. — Le divin dans la mythologie.

23° *Le rationalisme, qui tente de s'insinuer dans les écoles théologiques, signalé et montré dans divers opuscules anonymes récents.* — Un tiers de ce petit ouvrage était déjà imprimé lorsque l'auteur en fit suspendre l'impression. Le manuscrit est complet.

24° *Des principes que doit suivre un écrivain touchant la manière de s'exprimer.*

25° *Préface pour une nouvelle édition d'opuscules de morale.* — Ces deux ouvrages (nos 24 et 25) sont les derniers que Rosmini ait écrits de sa main. Le premier fut commencé le 29 octobre 1854 ; il est divisé en dix chapitres et contient quarante-huit pages environ. Le second a quatre-vingt-huit pages.

26° *Instructions données à des prêtres dans un cours d'exercices spirituels.* — Il y en a vingt.

27° *Exhortations à la jeunesse.* — Il y en a cinquante et une. Les trois premières manquent.

28° *Petits discours sur l'Eucharistie à des enfants qui font leur première communion.* — Il y en a deux, dont le premier a été prononcé à Domodossola le 6 avril 1833.

29° *Explications évangéliques* pour les dimanches et les principales fêtes de l'année, composées de 1821 à 1835, et prononcées pour la plupart en l'église Saint-Marc de Roveredo.

30° *Courtes méditations*, sur feuilles séparées, destinées à ceux qui méditent dans la solitude.

31° *Collection de lettres*, tant de Rosmini que d'autres personnes, au nombre de dix mille.

> NOTA. — Indépendamment de ces manuscrits, il existe une foule d'esquisses d'ouvrages qu'il se proposait de composer; des pensées, des plans, des divisions d'ouvrages sur des choses relatives aux sciences physique, mathématique, et des esquisses de discours sur la religion et la morale, parmi lesquels était le discours v° sous le titre : *Le Sacrifice*, qui venait à la suite de quatre autres déjà publiés sur l'*Esprit de l'institut de la charité.* Ce discours est très-avancé, sans être fini; parmi les compositions de sa jeunesse, on trouve des discours académiques dont l'un est intitulé : *Sur l'utilité de cultiver sa raison, discours aux académiciens de Roveredo* et qui date de 1814 ou de 1815. — Un autre discours adressé aux mêmes avait pour sujet : *le livre de la monarchie* du Dante. Il y a des articles destinés à des journaux, quelques-uns sur la théorie du gouvernement civil et un recueil de poésies manuscrites composées dans sa jeunesse.

CINQUIÈME PARTIE.

Ouvrages de différents auteurs, dont Rosmini a donné des éditions avec des commentaires et des notes.

1º *Thesaurus sacerdotum et clericorum*; Venise, 1822. Rosmini y a placé une épître dédicatoire au clergé de Roveredo ; il a ajouté des notes et fait quelques changements.

2º *Volgarizzamento della vita de S. Girolamo*, avec justifications philologiques; Roveredo, 1814. Rosmini fut un de ceux qui collationnèrent les textes. Il fit aussi des notes critiques.

3º *Principii di filosofia per gli iniziati nelle matematiche di Tommaso Valperga Caluso,* traduits par le professeur Pierre Corte, avec des notes de Rosmini; Turin, 1840.

4º *Primi elementi di un sistema di filosofia cristiana.* — Essai, par Constantin-Joseph, prince héréditaire de Lœvenstein-Wertheim Rosemberg ; traduit de l'allemand. Rosmini a ajouté une dédicace et des notes.

FIN DU CATALOGUE.

TABLE DES MATIÈRES

FIN DE LA TABLE DES MATIÈRES.

Imprimerie de P.-A. BOURDIER ET Cie, rue Mazarine, 30.

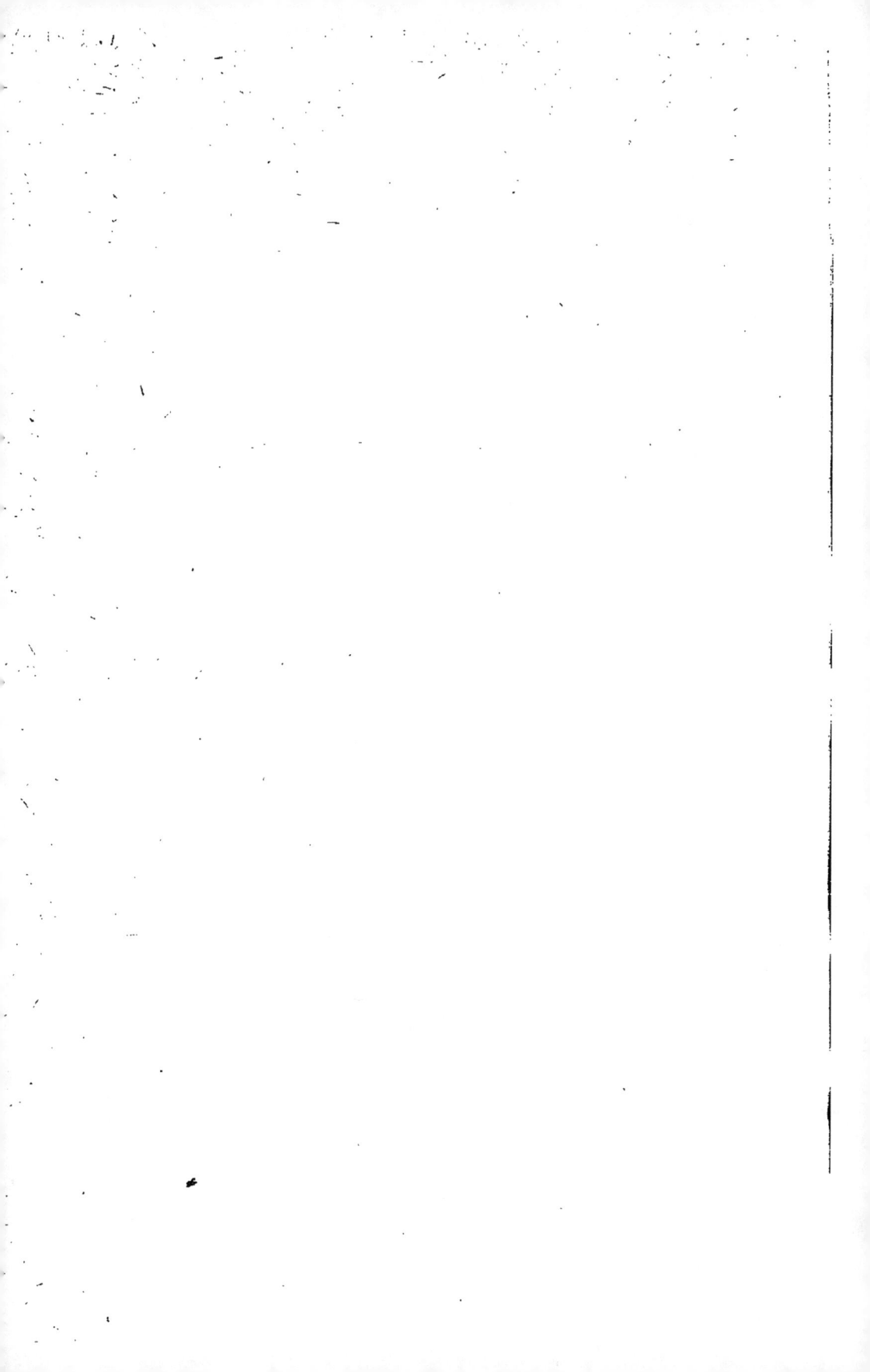

www.ingramcontent.com/pod-product-compliance
Lightning Source LLC
Chambersburg PA
CBHW070352090426

42733CB00009B/1394